優位に立てる「刑事力《デカリョク》」コミュニケーション20の術

佐々木成三

挿画・小野裕人
装丁・井関ななえ（Emenike）

【はじめに】

刑事時代、10年以上書きためたメモをもとに、明かします

この本を手にとっていただき、ありがとうございます。私は岩手県一関市で高校までを過ごし、平成7年に埼玉県警の警察官を拝命した後、退職するまで14年間、刑事として奉職してきました。最後の10年間は、殺人などの重大事件の捜査を担当する、捜査第一課の刑事でした。子供の頃から漠然と警察官に憧れていましたが、今思うと、その原点

は小学生の時の経験にあったように思います。

刑事としての原点は、「泥棒」呼ばわり

幼い頃から野球が大好きだった私は、小学4年生のある日曜日、家族で高校野球の県大会決勝戦に行き、夢中で観戦していたのです。

試合が終わり家に帰ろうとした時、父が用事で少しの間、席を離れました。人の姿が消えつつあるがらんとしたスタンド席をぼんやり眺めて待っていたら、近くの誰もいない席に、ぽつんと置いたままになっているバッグが目に入りました。誰のだろう？　知ってる人のかな？　届けるなら名前が

岩手での小学生時代。

父と2人の兄と。

【はじめに】

わかったほうがいいだろう、と何か手掛かりになるものがないか確かめようとファスナーを開けかけると……。

バッグの持ち主の男性が戻ってきたのは、ちょうどその瞬間でした。バッグを開けようとしている私を見て、ものすごい剣幕で「何やってるんだ！」と怒鳴り始めた男性。どうして怒られているのか理解できないでいるところへ、父が戻って来たのです。

父は怒鳴られている私を見て、その男性に平謝りに謝りました。そこで初めて、自分が盗みをしようとしたと疑われていることに気づいたのです。物心ついて初めて、人前で泣きました。めったに泣かない子供だったのですが。盗もうという気持ちなんて全くなかったのに、自分の言い分は何一つ聞いてもらえず、一方的に泥棒だと決めつけられ、父に迷惑をかけていることが大ショックで……。本当に悔しくて、悲しくて、5才上の兄に訴えました。すると兄は「おまえは悪くないよ」「よかれと思ってやったのに、誤解されてしまったんだろう」と言ってくれて、私はその言葉に救われたのです。

この時の強烈な体験で、私は2つのことを心に刻みました。

「人のすることは、本人に話を聞かないと本当のことはわからない」

「大人でも勘違いすることはある」

子供なのでうまく言語化はできませんでしたが、その2つのことが、その後の私の人間観、人生観の礎《いしずえ》になっているような気がします。

警察に入ったのは、「社会のために役に立つ」という仕事に魅力を

感じたのがまず動機であり、その根底には、

「たとえどんな悪人と言われていようと、きちんと話を聞かないと、真実はわからないのではないか」

という思いもありました。


ですから私は刑事だった時、犯罪をやったかやらなかったかより、「なぜやったのか」ということを深く知ろうとしました。子供の頃の私がバッグを開けようとした時のように、その人がやってしまったこと自体よりも、その行動を起こすに至った経緯にこそ、真実があると思うからです。

埼玉県警に入って間もない
所轄に配属された頃。

しかし、被疑者は、いくらこちらが真実を求めても、簡単にそれを語ってくれるわけではありません。彼らにとって刑事は敵にしか見えていないのですから、当然のことです。また、一般の方から事件に関する情報を聞き出すにしても、警察に話したくない、関わりたくない、忙しくてそんな面倒なことに時間をとっていられない……。さまざまな状況の中、協力をお願いしなくてはなりません。

そのため私は「警察だから協力して当然」というそれまでの考え方や見方を変え、相手の立場や状況を理解し尊重することで、**「この人になら協力したい」と思わせる＝自分が〝優位に立てる〟新しいコミュニケーション能力**を身につけようと努力をしてきました。

その結果、（犯人や容疑者が自白、自供することを警察では「落とす」

と言いますが）「落とし」のプロ集団の中でも、被疑者、被害者、情報提供者などからうまく情報を聞けないという時に、上司から「佐々木、今日はおまえが入って話して来てくれ」とよく任されるようになったのです。

そうした捜査第一課時代の経験や学びなどを通して考えてきたことを、刑事を辞める前、10年以上にわたって、「いつか役に立つのではないか」と秘かに自分の言葉でノートに書き留めてきました。

刑事として出会うのは主に、「犯罪に関わった人」。犯罪に関わってしまう前の段階で、自分に何かができたら……というのが、警察を退職した理由の一つでもありました。そして退職後は、子供たちに、SNSの危険性や今の時代特有の犯罪から身を守る方法を伝える一般社団法人スクールポリスの理事に就任して、学校で講演をしたり、警察や一般企業でセミナーを行ったりしています。

そんな中で刑事時代に書きためていたメモをもとに、「信頼を得るコミュニケーション術」や「現場判断力の身につけ方」について社会人の方に向けてお話しすると、たいへん反響があるのです。講演後にいただいたフィードバックを読んでも、いかに多くの方がコミュニケーションに悩んでいるかということがわかりました。

刑事の経験から培ってきた究極のコミュニケーション術、それが日常のコミュニケーションでも役立つのではないかという思いで、ノートのメモを読み返しながら、これからお伝えしていきます。

もくじ

もくじ

第4章 【取り調べの極意】相手と同じ着地点を探れ！ 107

もくじ

第6章 捜査で知った人が犯罪者になる理由

＃第1章

日常コミュニケーションに活かせる

「刑事力《デカリョク》」とは？

警察手帳という切り札なしでも話を聞き出せるのか？

皆さんは、「刑事力《デカリョク》」というとどんなイメージを持たれますか？

「犯罪を捜査し、真相を突き止め、犯人を逮捕する」のが刑事の仕事ですが、それを達成するには多様な能力が必要です。その中でも重要なのが**コミュニケーション力**ではないかと私は考えています。

刑事には、警察というバックボーンがあり、一般の方に「話を聞かせてほしい」と警察手帳を見せれば、質問に答えてもらえる場合がほとんどです。そのため、私も若い頃は、コミュニケーション力がそれほど重要とは感じていない部分があったのも事実です。警察手帳を見せて、なかば強制的にでも答えてもらえば、ある程度の報告書を書くことはできます。でも、初めて会う人にいきなり協力を依頼し、時間をとってもらい、プライベートや知られたくないことまでもお話ししていただく……。もしこれを警察手帳抜きでやろうとしたら、たいへんなことです。

それだけに、警察手帳に象徴される「権威」を使わなくても、**「この人になら、喜んで協力したい」と思ってもらえるコミュニケーション力**を持つことができたら、義務感から答えてもらうより、はるかに質の高い情報を得られるはずです。それに気づいた時から、警察手帳という「切り札」がなくても同じように、あるいはそれ以上に協力してもらえるだけのコミュニケーション力を持っているかどうか自問自答しながら、事件の聞き込みをするようになりました。

警察も、自分たちの力だけで犯人検挙はできません。目撃者から情報を得たり、被疑者の交友関係者から話を聞いたり、知見を持っている専門家から意見聴取をしたりと、さまざまな方の力をいただかないとできないのです。また、口を割らない被疑者から、真実へつながる情報を引き出していかなくてはなりません。相手と会った最初の瞬間からよい印象を抱いてもらい、円滑なコミュニケーションをとるにはどうしたらよいのか。自分なりにつかんだコミュニケーションに必要な能力を、「刑事力《デカリョク》」として、具体的に明かしていきます。

「刑事力《デカリョク》」とは　その1

相手の主観で考えられる力

刑事は一つのものごとに対して、常識にとらわれた一般的な見方や「それが当然だろう」という先入観から離れ、全く別の角度や視点から観察しなくてはなりません。そのために必要なのが、**「相手の主観でものごとを考える力」**です。

私たちは通常、自分がされて嫌なことは相手も嫌だろう、という感情の共有を基盤にコミュニケーションをとっています。でも犯罪者の思考は、一般的に考えられる人生経験や想像力のキャパシティーを超えていることが多く、そのため取り調べでは**「自分はこう考えるから、相手も当然そう考えるだろう」という共有の予測は全くあてになりません。**

私は人を殺そうと思ったことは一度もありませんが、人を殺したいと思った被疑者の思考をたどらなくては、事件の真相に行きつくことはできません。ですから自分の主観ではなく、相手の主観でものごとを考える力が、どうしても必要なのです。

相手の主観でものごとを考えるには、相手を深く知る必要がありま す。「子供の頃からこういう環境でこんな生活をしてきたら、こう感じるんだろうか」などと想像しなくてはならないからです。そのために刑事は、取り調べの前に被疑者の成育歴や現在の状況、考え方などをできるだけ詳しく聞いて身上調書を作成します。私はこの身上調書の内容に最も着眼していました。

世の中に、全く同じ経験をしてきた人間はいません。自分と同じところに立っていても、他人は全く違う景色を見ているかもしれない。それは、犯罪者と刑事の関係に限らず、一般の人間関係でも同じです。「理解できない」と感じる相手を理解するには、一度自分の主観を完全に捨て、相手の主観でものごとを考えてみるようにしなくてはなりません。

人間の脳は、自分にとって都合のいい情報しか受け取らないという特性があります。そのため好意を抱いている人の情報は記憶に残りますが、苦手な人、自分には理解できない思考をする人の情報は、いくら聞いてもたいして記憶に残りません。苦手な人のいい面を見たとしても記憶の上書きがされにくいため、「嫌い」という感情からなかなか抜け出せないのです。

ですから**苦手な相手ほど意識して積極的に情報を収集し、相手を深く知るように努めてみましょう。**

「なるほど、こういう経験をしてきたから、こう考えるのか」と相手の主観に立つようにしてみて、納得できることや発見があればしめたもの。苦手意識はかなり薄まるはずです。

「刑事力《デカリョク》」とは　その❷
奥行きを想像できる力

私が捜査第一課の刑事だった頃、部下の若い刑事に言っていたのは、「事件捜査はジグソーパズルで、証拠はパズルのピースだ」ということです。いろいろな捜査班が毎日、落ちているピースを探し集め、「これはここに入るんじゃないか」「これはこっちにあてはまりそうだ」と推理して、パズルの空白を埋めていきます。すると次第に、その事件の背景や裏側、細部が見えてくるのです。

しかしそのピースがどこに落ちているかは、最初は誰にもわかりません。現場に落ちているとは限りませんから、さまざまな場所を探す必要があります。すべてのピースが集まってパズルが完璧に完成した事件は、そうあるものではないと思っています。

そこにあるはずのピースが揃わない理由はたくさんあります。まず目の前にピースがあっても拾えない場合。ピースがあるのはわかっているのに、拾える人が依頼に応じてくれないケースもあります。目撃者がいるはずなのに名乗り出てくれなかったり、被疑者の犯行を明らかに知っている関係者が犯人をかばって真実を語らなかったり、などがそれにあたります。そんな時に、最初にお話しした「刑事のコミュニケーション力」が必要になるのです。その力を使って〈協力してもらう＝ピースを拾ってもらう〉ように持っていかなければなりません。

次に、ピースが落ちていても、それが事件のピースだと気づかないケース。これは先ほどの「**人間の脳は、自分にとって都合のいい情報しか受け取らない**」という特性にも関係しています。

例えば、子供が行方不明になったとして、最初に「迷子だろう」と思い込みで予測してしまうと、誘拐や連れ去りなどの事件の証拠が目の前にあっても、「関係ない」と排除してしまうのです。結果、重要なピースが目に入らず、拾えないまま、時間の経過とともに消滅してしまうこともあります。どこにあるかわからない証拠のピースを探しあてるには、思い込みを捨て、あらゆる事態を想定し、俯瞰のアンテナを張ってものごとを見て、考えなければいけないのです。

「**俯瞰でものを見る力**」は事件の捜査に限らず、日常でのつきあいでも必要です。

ＳＮＳやメールでは、会って話すのと違って、文字や画像以外の情報がありません。そのため表情やしぐさ、声のトーンなどが実際にはわからないので、誤解が生まれたり、互いの感情がすれ違ったりしてしまいがち。ネットやメールでのやりとりは特にそうですが、対面でのコミュニケーションにおいても、**自分の都合のよいように勝手に解釈せず俯瞰で見て、言葉や行動の後ろにある「奥行きを想像する客観的なジャッジ」**が求められます。

「刑事力」とは　その❸

究極のサービス業

私は、**警察は究極のサービス業**だと思っています。

例えばコンビニなら、商品を売らないとお金が入ってこないですよね。でも警察は、物を売るかわりに、国民に「安全」という「サービス」を提供し、「税金」という名の「会費」をもらっています。中には警察に対して不満を抱いている人もいるでしょうが、そうした方たちからも、強制的に「会費」をいただいています。今のサービスでいうと究極の「サブスク」です。ですから、国民一人ひとりが警察のクライアントだと思わなければいけませんし、日本に暮らす方には必ず、「安全」という「サービス」を提供する義務があります。

皆様から一律に「会費」をいただいているからには、不公平にならないよう、どなたにも一律なサービスをしなければいけませんよね。しかし現実には、刑事の力量がすべて同じではありません。刑事によってコミュニケーション力や能力に差がありますし、危機管理意識が薄い人もいます。「この刑事が担当だったから解決した」「この刑事に相談したために犯人がまだ捕まらない」ということもあると思います。

残念ながら、犯罪の検挙率は100％ではありません。受け持った事件が犯人無検挙のまま終わることもあり、犯人無検挙のまま報告書を作成し保存することも少なくないのです。警察は、競合相手のいない、ある意味独占企業のような存在。一般の企業だったら「受注が取れませんでした」「予定どおりに仕上がりませんでした」の繰り返しは許されないでしょう。しかし刑事は、結果が出せなくても咎められることの少ない職業ともいえます。それに甘えてしまうのが、刑事にとっていちばん危険なことだと常に自戒してきました。

人々にとって、警察は最後の砦《とりで》です。困ったことが起こった時に、まず友人や家族に相談したり、行政の窓口に相談したりして、それでも解決しない時に思い切って警察を頼るのではないでしょうか。その最後の砦で、たまたま相談した担当者のスキルの差で運不運があってはなりません。ですから警察官や刑事は、常に自分の能力をブラッシュアップし続けると同時に、**相手の求めていること、訴えていることを**

受け止め、コミュニケーションをとる中で納得してもらえる解決法を探っていく必要があるのです。

捜査や取り調べでは、**最初は敵対心を持たれている相手の様子を見てコミュニケーションをとりながら気分を和ませ、快く協力してもらえる方向へ持っていくアプローチ**をしなくてはなりません。そんなところも〝**究極のサービス業**〟といえるのではないでしょうか。

こういった姿勢を私は刑事として常に心がけて職務を執行してきましたが、一般の方に向けて話してみると、その心構えはどんな職業や立場にも通じるものがあることに気づいたのです。それをこの後、20の術として解説していきます。

第2章

第一印象アップに全力を注げ!

FILE.1

聞き込みに備えて、必ず車に積んでいたアイテムがある

刑事は一般的に警戒心を抱かれやすい職業であり、多くの人がマイナスの印象から入ります。また**人は一度「嫌い」という印象を持つと、嫌いな部分の情報しか目に入ってこなくなるもの**。そのため一度ついた悪いイメージを覆すことは難しく、覆すチャンスさえない可能性もあります。相手から警戒されたままでは、いい情報は引き出せません。

そうした**「マイナスの印象」を、どれだけ短時間で「プラスの印象」**

■ .ıll ▭ 00:01

に変えられるかが、勝負といえます。

特に重要なのが、会った瞬間の見た目の印象＝ファースト・インプレッションです。刑事は泊まり込みになることが多いうえ、徹夜明けに急に、関係者に話を聞きに行かなければならないこともよくあります。過酷な状況の日々、身だしなみに気を使うことがおざなりになりがちなのですが、私は歯磨きセット、くし、整髪料、シャワー用のタオル、爪切りを必ず車に置いていました。

「事件があったので協力してほしい」「話を聞きたい」と突然訪れて来た刑事が不潔な印象だったら、ただでさえ忙しい中、この人のために時間をとって話をしてみよう、という気分になってもらえないでしょう。若い頃は香水もつけていましたが、香りは好き嫌いがあるので、夏場は無臭の制汗剤も。さらにロッカーには、スーツときれいに磨いた靴も置いていました。

刑事は煙草を吸う人が多いので、煙草の臭いを消すために、消臭スプレーも常備していました。協力者を車に乗せる時もあるので、特に女性や煙草が苦手そうな人の場合、煙草の臭いがしみついていない車も用意していました。

まず清潔感。そして相手に対して、快適な環境や状態を準備するという気づかいができているか。それが初めの好印象、ひいては信頼感にもつながるのです。

00:02

FILE.2

刑事が使える手土産代上限内の金額でどう活かすか

ファースト・インプレッションの第一段階が〝清潔感〟なら、第二段階は、〝相手への気づかい〟。好印象を与え、相手との距離を縮めるには、最初に「自分を気づかってくれている」と感じさせることです。そのために大切なのは、相手をよく知ろうとする姿勢でしょう。

情報提供者が会社だったら、あらかじめホームページでその会社の規模や業務内容などを調べ、場合によっては手土産も持参していました。捜査第一課の刑事が協力者に対して手土産に使える金額は、一件につき上限が決まっています。その中でいかに相手の方にフィットするものを選ぶか、いつも知恵をしぼりました。女性社員が多いならば、分けにくい高級な菓子を一つ持っていくより、ドーナツを30個持っていくほうが確実に喜ばれます。年配の男性が多い職場であれば、会話の糸口になりそうな老舗の品とか、もしご自宅に伺うような場合は、ご家族の人数を教えてもらって人数分のケーキを買っていくとか。

そういうことを考えるのが面倒だったり、そもそもそんなところに思いがいたらず、コンビニエンスストアの菓子折りで間に合わせたりする同僚もいました。それでも一応の気づかいはしているのですが、

■ .ıll ▭ 00:02

いかにもその場で間に合わせてきたようですし、プラスアルファがありません。ここでの**プラスアルファとは、「あなたのために」という思いがこもったメッセージ**です。

殺人事件では周囲の関係者や目撃者に捜査協力をお願いするだけではなく、被害者のご遺族に会ってご協力をお願いしなくてはならないこともあります。悲しみの中にいるご遺族から話を聞き出すというのは非常につらい仕事で、やりきれない思いもたくさんありました。それでも被害者や被害者のご家族の支援の担当をさせていただく中で、少しでも何か自分がお役に立てることはないかと考え続けてきました。

先日も、被害に合われた女性の命日に、お線香をあげにご自宅にお邪魔しました。そのお宅は殺害された女性ときょうだい、ご両親の家族だったので、手土産のケーキは必ず全員分の数を買って行き、１個は女性のために仏壇に供えてもらいます。また、捜査第一課に在職期間中はお供えしてもらうお花を「捜査第一課」の名前でお送りしていました。「事件が風化し、娘の存在が世の中から忘れ去られていくのがつらい」とお父様がおっしゃっていたので、「捜査一課は決してこの事件を忘れない」という思いをこめさせていただいて……。

自分が使える予算の中でも、ほんの少しの気配りがプラスされることで、相手にはその金額以上の意味を受け取っていただけることがあると思っています。

00:03

FILE.3

目先の小さなプライドよりも大きなプライドを持つ

私は、捜査中の事件の関係者や情報提供者に話を聞く時は、警察の取り調べ室など〝自分のホーム〟に招き入れるのではなく、できるだけ**〝相手のホーム〟に行く**ようにしています。そこからが気づかいの始まりなのです。

男性であればご自宅に伺うこともありますが、一人暮らしの女性だったら近くの喫茶店を指定してもらったりします。そういった場所ではいきなり事件の話はせずに、世間話から始めて気持ちをほぐしながら、核心へ進むきっかけを作るようにしています。

少年リンチ殺人事件の捜査をしていた時、当時16才だった被疑者の仲間に情報を聞きに行くことになりました。先輩の刑事からは「刑事課に呼べ」と言われたのですが、私は、相手の地元に行かせてほしいと頼んだのです。さらに「年が近い人がいたほうがいいだろう」と、後輩の若い巡査も同行させることにして、彼らが使い慣れているであろう、最寄り駅近くのファストフード店で会うアポをとりました。

会ってみたら、絵に描いたようなワルガキ（笑い）。「佐々木よぉ〜」と、いきなり私を呼び捨てにし、彼が注文したものはもちろん私が

00:03

払いましたが、「200円のハンバーガーで俺がしゃべると思ってんの？」と強がります。同行した巡査に対しては「巡査なのか？　ペーペーだな」と、あからさまにバカにした態度。後輩は頭にきて、イライラしているのが隣で手に取るようにわかります。今にもつかみかかりそうなのを抑え、私は下手に出て、「こういう事件があって、こういう話を聞いている」と雑談も交え、相手を立てながら会話を続けたのです。

結局は、その被疑者の仲間から、貴重な情報を引き出すことができました。しかし、店を出るなり同行した若い巡査は悔しがって、

「佐々木さんにはプライドがないんですか？」

「あんな奴に頭を下げて話を聞かなくたっていいじゃないですか」

と突っかかってきました。私は答えました。

「俺のプライドは、この事件を解決することだ」

第1章でも述べたように刑事は究極のサービス業だというのが私の持論。警察の利益は犯人につながる情報と考えた時に、犯人を明らかにする情報を得ることが、ご遺族のためになる。**自分の主観的なちっぽけなプライドで動いてはいけない**のです。例えばレストランのスタッフが、お客の態度が横柄だからといって「このクソガキ」と言うでしょうか？

00:03

横柄な態度をとられたからといって「おまえになんか情報もらわなくていいよ、出ていけ」とキレたら、重要な情報がもらえず、事件の真相が解明できないかもしれません。**「相手に見くびられたくない」なんて、小さなプライド**です。**目先の小さなプライドよりも、もっと先の**「事件を解決する」という**大きなプライドのために仕事をするべき**なのです。

昔だったら「そんなワルガキは、警察に呼んで話を聞け」というのが常識だったかもしれません。でも、最近の若い世代はひと昔前とは違います。「ガキは、しょっぴいて脅しをかければ話す」というのは古い考えです。また世間一般の人権意識もずっと高くなっています。

どんな職業にも時代の流れというのはありますが、刑事は特に「昔はこうだったから、このやり方が有効」というのが通じない職業だと思っています。ですから**過去の事例は参考にするけれど、「昔こうやったからできた」という話はそのままは受け取らない**ようにしていました。

以前は警察が協力してくれと訪ねて行けば、企業や団体も当然のように情報を提供してくれましたが、これだけ個人情報の管理が厳しくなっている昨今、警察といってもそう簡単には個人情報は出してもらえません。人々の意識や、会社のシステムそのものも大きく変わってきているのです。ですから、**時代の動きを知り、相手の組織の体制によってアプローチを変えたり、個人の場合は相手の個性を見極めて対**

00:03

応を変えたりする必要があるのです。

前出の少年リンチ殺人事件の被疑者の友達の場合も、もし私がいきなり呼び捨てで威圧的に接していたら、「うわ、俺のこと呼び捨てにしやがった」と構えるタイプだと判断し、低姿勢で話をすることに徹しました。でもこういうタイプのワルガキ（笑い）は心を許してくれると、警察の人間と話ができるというのがある種のステイタスだと感じる子もいるので、そういう時はあえて呼び捨てにしたりします。

関係性が見えてきてからは臨機応変にしていきますが、どんな相手でも、最初は「さん」付けで、**低姿勢に会話を始めることがコミュニケーションの基本**だと考えています。

FILE.4

黙秘を続ける彼女が口を割った恋愛話からのアイスブレイク

事件の情報提供者や被疑者との会話を始める時に心がけているのは、**「アイスブレイク」**です。直訳すると「氷を壊す」という意味ですが、一般的には「(初対面同士の) **緊張をほぐす方法**」という意味で使われています。

知らない人と初めて会う時には、誰でも大なり小なり緊張感を抱くもの。特に刑事には怖そうなイメージがつきものであることに加え、

00:04

日常、一般の方が接する機会の少ない職業なので、警戒心を持たれがちです。それが事件の当事者や関係者なら、なおさらのことでしょう。緊張して身構えられてしまうと、こちらから投げかけた質問に対して「はい」「いいえ」と答えるだけの受け身の会話になってしまい、なかなか核心に迫る深い話を聞き出せません。

ここで必要になるのが「アイスブレイク」。なにげない雑談から相手の興味を引き、緊張を解きほぐすことができれば、話をしやすい雰囲気になり、こちらが聞きたいことも引き出しやすくなります。

アイスブレイクのために効果的なのが「**自己開示**」です。自己開示とは、**自分から進んで、時には自分自身のプライベートな情報につい**

ても明かすこと。人は自分のことを一切話さず、何を考えているかわからないような相手を信頼することはできないものです。

心理学では、一般的に人は個人情報を開示すればするほど、好感を持たれるようになるという研究結果もあるようです。ポイントは、聞かれたからではなく、自分から話すということ。

ある殺人事件で被疑者の男性が黙秘を続けていた時、被疑者と交際していた女性から情報を聞き出そうとしたことがあります。彼女も何も話そうとせず、困り果てた上司から、

「佐々木、事件のことは無理に聞かなくてもいいから、今日はおまえ

■ .ıll ▭ 00:04

が入って、ちょっと彼女と話してみてくれ」

と指名されたのです。

取り調べではないので私も少しは気がラクで、まずは彼女と雑談から入ってみようと思いました。この場合、自分の彼氏が被疑者なわけですから、そう簡単に心を開いてペラペラしゃべってくれるわけがありません。できれば彼について話してもらいたいという思いはありましたが、まずは私自身の恋愛話から振ってみました。

妻とは学生時代からずっとつきあっていて結婚したこと、でも長いつきあいの中ではケンカをすることもあったし、何度も別れたりもしたし……。

そんなふうにざっくばらんに失敗談など明かすうちに、彼女の表情が次第に和らいできて、ぽつり、ぽつりと短い相槌を打つようになりました。やがて「佐々木さん、それって彼氏としてどうなんですか（笑い）」というような突っ込みも出るほど、打ち解けてきてくれている手ごたえがありました。そして少しずつ、彼女自身の彼に対する思いも明かし始めたのです。

出会った日のこと、プレゼントをしてもらって嬉しかったこと、手が出るようなひどいケンカをすることもあるけれど、その後は必ず彼のほうから謝ってきてくれること、誤解されがちだけど、優しい一面もあること……。

■ .ıll 00:04

彼女は彼が被疑者であってもまだ好きなんだとわかったので、そこが突破口になりました。

「じゃあ、彼のためにどうしてあげればいいと思う?」

と問いかけたのです。彼女の答えについては、第4章でまた詳しく述べますが、そうやって雑談から始まって、「彼女と彼のためになる解決策を考える」という方向に持っていけたので、重要な証言を得ることができました。

もし私が一方的に「彼について話せ」と詰め寄っていたら、彼女は絶対に口を開かなかったでしょう。まず私から率先して、初対面の人に話すのはちょっと恥ずかしいような恋愛話まで明かし自己開示をしたから、彼女も同じように心を開いてくれたのだと思います。

日常生活でも、初対面の相手と少しでも親しくなりたければ、まず自己開示することが必要です。中でも**自己開示力が試されるのは、大勢の前での自己紹介の時**です。「自分から声をかけるのが苦手」という人ほど、自己紹介を簡単に終わらせてはいけません。上手な自己紹介は、相手から話しかけてくるきっかけになるからです。

自己紹介は、2、3の長所と1つの短所を必ず入れるようにしてみてください。

「佐々木成三といいます。長所は明朗快活でポジティブ思考、趣味は

00:04

野球で巨人の大ファンです。短所は忘れ物が多いことです」

という ふうに。そして、その理由も短かく入れます。もしその後で忘れ物をしても、「自己紹介でも言ってたよね、本当なんだな」とネタにさえなり、「巨人で好きな選手は？」なんて話しかけてきてもらえたりして、必ず話題が広がって距離が縮んでいきます。

自分を閉ざしていては、相手は入ってこられませんし、関係を築いていくことはできません。まず自分から、緊張をほぐすように働きかけるきっかけづくりが大事なのです。

FILE.5

なぜ、たった1枚の付箋で会う前から信頼を得られたのか

【感謝を見える化】して相手に伝えることを、私は常に意識していま す。それは、いい人間関係やチャンスをつかまえられる無償の方法で あり、使わないのはもったいないからです。といっても、大げさなこ とではありません。例えばよく使うのは、どこにでもある「付箋」で す。残業を手伝ってもらった部下のパソコンに「**いつも悪いな、あり がとう」と書いた付箋を貼っておく**とか。面と向かうとお互いに照れ

■ .ıll ▭ 00:05

くさいのですが、付箋だと大げさでなく気持ちを伝えられるのです。

こんなこともありました。警察から民間会社に協力を依頼する際、「捜査関係事項照会協力依頼書」という公文書を送ります。私は、「**お忙しいところ申し訳ありません。○○事件の犯人検挙のため、ご協力お願いします。よろしくお願いします。佐々木成三**」

などとメモをした付箋を必ず貼っていました。警察内には長年の慣習で「警察からの照会依頼があったら、民間会社は回答して当然」という感覚の人が多かったのですが、私はそうは思っていませんでした。こういった依頼書は、全国の警察から大量に送られます。民間会社が警察のために回答しても、ビジネスにつながるわけではありませんから、届けば届くほど業務に支障をきたすだけです。それなのに協力してくださる担当の方に少しでも感謝の気持ちを伝えられればと思って、手書きの一言を添えていました。

ある事件で、同僚の刑事が民間会社に協力依頼をしに行ったのですが、断られて帰って来ました。困ったなあ、と課で話していた時、上司から、「佐々木、おまえこういう交渉が得意だろう、行ってこい」と命じられて、私が再度、お願いに伺ったのです。

前の刑事が断られた担当者に会って名刺交換をしたところ、

「佐々木成三さんって、いつも照会協力依頼書に付箋を貼って送ってくださる佐々木さんですか。おじいさんみたいな名前だから年配の方

■ .ııl ◫ 00:05

かと思ったら、こんな若い刑事さんだったんですね」

と言われたのです。私がびっくりしていると、

「うちの会社では、佐々木さんは有名ですよ。**全国の警察の中で照会協力依頼書にお礼の付箋をつけてくれるなんてめったにないですよ。**どんな刑事さんなんだろうと、みんなでいつも話していたんです」

とのこと。そこで改めて日頃の感謝を伝え、今回の協力を依頼したところ、快く受けていただけたのです。今思えば、パソコンで打った事務的な文書ではなく、付箋に手書きだったのも、かえって印象に残ったのかもしれません。自分としては当然のこととしてつけていた付箋が、そんなふうに受けとめてもらえたことで、**【感謝の見える化】**

の効果の大きさを実感しました。

【感謝の見える化】で親密な関係をつくることができた経験がもう１つあります。私は警察を退職後、１年間、介護施設の会社代表取締役をさせていただきました。その時、みんなが集まる広い部屋に、それぞれが感謝の言葉を書き込める「サンキューボード」を置いたのです。

最初、「〇〇さん、今日は〇〇をしてくれてありがとう」とそこに書き込んでいるのは私だけでした（笑い）。でも次第に、職員同士が感謝のメッセージを書き込むようになり、次に職員から施設のご利用者、ご利用者から職員に「ありがとう」のメッセージが書き込まれるようになったのです。メッセージは日ごとに増えていって、面会に来

■ .ıll ▭ 00:05

たご家族の方も書いてくださったり、「ありがとう」のメッセージに対する返事も書き込まれたりするようになりました。こうして、１枚のサンキューボードがきっかけとなって、相互の感謝の気持ちのやりとりがされるようになったのです。

特に職員は、介護というハードな仕事をしていても、「ありがとう」と言ってもらえる機会はなかなかありません。だからこそ、こうして目に見える言葉にしてもらえるのは、大きな励みになったようです。

お金もかからず、こんなに効果の大きい【感謝の見える化】、やらないのは損です！　ぜひ皆さんもご自分の職場や家庭、プライベートでも試してみてください。

FILE.6

共感できない相手でも質問次第で道筋は見えてくる

相手の心を開くには、相手を知ることが必要です。ですから取り調べといっても、いきなり事件の話からは入りません。最初に、どんなふうに生まれ育ってきたかという成育歴と経歴などを知るための「身上調書」を必ず取ります。先にも述べたように、私はそこを重要視していて、両親はどんな仕事をしていたのか、どの学校に通いどんな部活をしていたのか、卒業してどこに就職したか、収入はいくらで貯金

■ .ıll ▭ 00:06

はどのくらいか、どんな友人がいて趣味は何か……など詳しく質問していきます。

大切なのは、「**あなたという人物を知りたいと思っている**」**姿勢をはっきりと伝える**こと。たとえ頑なな被疑者であっても、「この人は自分に関心を持ってくれている」と感じてくれると、話しやすい状況に持っていきやすいのです。

質問をするうえでもう一つ心がけているのは、**相手が気持ちよく答えられる質問から始める**ことです。

私は相手が犯罪者かもしれない場合であっても、犯罪以外の部分では、基本的にリスペクトをするようにしています（もちろん、犯罪そのものは絶対に許してはいけないものですが）。多くの犯罪者の取り調べをしてきましたが、生まれながらの悪人はいないと今でも信じていますし、話を聞いていくとどこかに理解できる部分があることも多いのです。なのに、いったいどこでボタンの掛け違いが起きて犯罪を起こしてしまったのか。そこを知ることが再発防止にもつながると思い、最大の関心を持っています。

身上調書を取るために質問をしていくと、意外な面が浮かんでくることがあります。「成績優秀で高校を出たんだな」「野球部では4番で活躍していたんだ」「働かない両親の下でずいぶん苦労してきたんだな」……など、**そこは認めてあげたいという部分です。そうした部分**

00:06

から質問をしていくと、相手は少しずつ、自分のことを語り始めてくれることが多いのです。

特に印象に残っているのが、少年同士の傷害事件の主犯の少年です。彼の話を聞いていくと、彼はネグレクト（育児放棄）を受けていたことがわかりました。そんな環境の中で生活していたなんて、たいへんだったんだな、と言葉をかけたのを覚えています。

親の問題解決法が暴力のみだったので、彼も遊び仲間との関係がこじれた時、問題解決の方法が暴力しか見えなかったのでしょう。他の解決方法もあることを示してあげられる大人がそばに一人でもいたら、犯罪に走らずにすんだはず。その思いが今の活動をするうえでも常に念頭にあるのです。

そうした経験から感じたのは、**自分にはとうてい共感できないと思う相手であっても、その人を知っていくことで、そこへ至るようになった思考の道筋が見えてくることがある、**ということです。

そしてその人を知るためには、まず「あなたのことが知りたい」「興味がある」という思いを伝えます。そのうえで、相手の「自分のことを知ってほしい」という気持ちに訴えかける**気持ちよく答えられる質問から入っていく。そうすることが、相手の警戒も解きほぐし、その後の会話につながっていく**のです。

第3章

あらゆる情報を疑う「目」を持て

FILE.7

ペットボトルに入っているのは「水」ではなく「透明な液体」

人は無自覚に先入観を持つ

刑事として捜査活動を行う中で、「先入観を持たずに事件現場を見る」ということの重要性を、何度も思い知らされました。「自分は特別な先入観は持っていない」つもりでいたのですが、それはただ、自分の先入観に無自覚なだけだったということにも気づかされました。

特に若い頃は、現場の報告書を書いては上司に「これではだめだ」

00:07

と何度も突き返されていました。

「テーブルに、ペットボトルに入った水が置かれていた」

と、見たままを書いたつもりでも、これではダメ出しをされます。

「なぜ水だとわかる。実際に飲んでみたのか」

と聞かれるでしょう。ペットボトルの容器に入っている透明な液体＝水、という先入観があるからこう書いてしまうのです。「見たまま」を書くのなら、

「テーブルに、ペットボトルの容器に入った透明な液体が置かれていた」

と書かなくてはならないのです。水だと決めつけて報告書を書くと、

その液体が鑑定に提出されず、誤った情報が独り歩きし、誤った結論に結びついてしまうこともあります。常に「これは何だろう」という疑問を持って現場を見ないと、重大な見落としをしてしまうおそれがあるのです。

またある放火事件の現場検証をした時、現場でライターを発見し、放火の証拠として実況検分をした時も、先輩に、

「これが点くかどうかをまず確認しなきゃだめだろう」

と叱られました。「**ライターは点いてあたりまえ**」という先入観にとらわれていたのです。もしこのライターが点かなかったら、放火で

00:07

使ったライターではないかもしれず、他の証拠を見落としてしまったかもしれません。

ペットボトルに入った透明な液体は水だと思うし、放火の現場にライターが落ちていれば、点いてあたりまえで証拠の品と思ってしまう……。このような思い込みは誰にでもあります。それを捨て去るのはなかなか難しいものです。

ここまで読んでも、「自分はそうした先入観にとらわれないタイプ」と思っている方も多いでしょう。講演会やセミナーで私がよく出題するクイズがあります。

【人物像　想像ゲーム】

年齢　53才です。
学歴は高校中退です。
同年代の友達は、社長や会社役員をやっています。
まだ僕は現場で、10代や20代の仲間と一緒に
汗を流しています。
技術をもっと高めたいと思っています。

このプロフィールから、どんな人物を想像しますか?

00:07

いかがでしょう。これはある有名人物を想定したクイズなのですが、会場から、その答えがズバリ出てくることはまずありません。出題した人物は私が尊敬する「三浦知良選手」なのです。このプロフィールから無意識のうちに、思い込みで人物像を描いていませんでしたか？

事件の捜査現場でも、「こんな残虐な犯行をおかすのは、間違いなく男だ」と決めつけてしまうと、男性の情報しか見えなくなってしまいます。

「男性である可能性が高いが、もしかしたら女性かもしれない」と、常にあらゆる可能性を視野に入れて考えることが必須なのです。

日常の人間関係においても同じことがいえます。

「あの人は男性だから、若い女性社員には甘い評価をするんだ」
「おばさんは無神経だから、あまり親しくならないようにしよう」
「今の若い人は根性がないから、すぐあきらめる」

など、先入観のフィルターをかけて人を見て、苦手意識を抱いたり、評価したりしてはいませんか？　それでは正しい判断ができません。

フィルターを外すのは経験値のある大人ほど存外難しいものですが、**思い込みはいったんリセットし、情報にも頼りすぎないよう常に意識**してみましょう。その作業をすると、**気づかなかった一面が目に入りやすくなったり、その人の本質に気づいてスムーズにやりとりしやすく**なったりするものです。

00:08

FILE.8

他人から聞いた情報は事実としてはインプットしない

聞き込みでより詳細な情報を引き出すには、常に「なぜか」を感じながら話を聞くことが重要です。例えば、「佐々木成三」という人がどういう人物かを調べるために、自宅の近所に聞きこみに行ったとしましょう。

その時に「佐々木さんは野球をやっています」と隣人が答えたとして、そのまま報告をあげると、上司に怒られるのは確実です。

以前はそんな失敗もしましたが、今の私だったらまず、

「なぜこの隣人は、彼が野球をやっていることを知っているのか」

と疑問を抱きますし、そこからいろいろな質問が考えられます。

「なんで佐々木さんが野球をやっていることをご存じなんですか？」

の質問に対して、

「私も同じチームで野球をやっているので、知っています」

と答えが返ってきたら、この隣人からもっと深い情報が引き出せる
でしょう。また、

「いつも日曜日にユニフォームで出ていくので」

という答えだったら、野球じゃなくてソフトボールかも、という可

■ .ıll ▭ 00:08

能性も出てきます。

「何色のユニフォームを着ていましたか？」

「チーム名ってわかりますか？」

などと細かく聞いていくと、相手も少しずつ、記憶が喚起されてくるはず。そこから、

「小学生の息子さんも同じユニフォームを着て出ていくから、少年野球チームのコーチをしているんじゃないかな」

といった情報も出てくるかもしれません。

そこから裏付け捜査を進めて客観的な情報を持ってこられるか、単に「佐々木成三は野球をやっているそうです」という伝聞だけなのか、

その後の進展に大きな違いが生じてくるのです。

こんな例もあります。

「午後8時28分に〇〇区路上で、緑のパーカを来た男性に持っていたバッグを盗まれた」

というひったくり被害者からの報告を部下の刑事があげてきたら、まず私は「なんで8時28分と時間を特定できるのか」と、根拠を確認するでしょう。

「携帯電話で話をしている時にひったくられ、すぐ電話を切ったので、通信記録が残っている」ということなら、客観的な証言として採用し

00:08

ますが、「本人がそう証言しています」だけなら、証拠としては採用できません。そもそも、普通に歩いている時にそこまで細かい時間を意識しながら歩くことはありませんから。

「午後8時くらい」という漠然とした時間の証言でも、「根拠は？」と聞きます。午後8時半頃でも、「午後8時くらい」と言う人はいるかもしれません。仮に、

「最寄り駅に着いた時に時計を見たら7時半頃で、そこから歩いて20分ほどかかる店に向かって歩いた。途中コンビニに寄って雑誌を買ったから、だいたい8時くらいだと思う」

という具体的な証言なら、証拠として採用できるでしょう。さらに

「犯人は緑色のパーカを着ていた」という部分も「夜道なのに、なぜ緑のパーカとわかったか」と確認します。

「ライトが点いていて明るかったから」

という答えなら、ライトの色によって、黒も緑色に見えるかもしれないから、「どんなライトだったか」も聞く必要があります。もしライトの色で緑に見えていたのだったら、緑のパーカを目印に探すと取り逃がす危険性があります。

「自分が持っているのと同じパーカで、そのパーカは1色展開しかしていないから、緑色なのは間違いない」

とそこまでいうなら、客観的な情報です。もちろん、聞き込みの情

00:08

報に基づいて推測を組み立てることも必要ですが、**推測の情報と客観的な情報は分けて報告しなければなりません。**

日常生活でも、他人からの伝聞情報を事実としてインプットしてしまうことはよくあります。不思議なもので、**自分で見聞きするよりも、他人からの伝聞のほうが確実な情報のような気がしてしまうことがあるのです。**信頼できると思う人からの情報だったら、なおさらですよね。しかし前述したように、誰でも無意識のうちに先入観を抱きバイアスをかけているもの。

「あの人は底意地が悪いから、気をつけて」

「あなたがいないところで、悪口を言っていた」

などと聞いたとしても、そのまま受け取らず、

「なぜそう思うのか」

「その時、どういう状況だったのか」

と、**細かく裏をとって確認できなければ、事実としてはインプットしないようにしましょう。**

また、なぜその人があなたにそうした情報を教えてくれるのかも考えてみてください。そこから、違う事実が浮かび上がってくることもあるのです。

■ .ıll ▭ 00:09

FILE.9

ネクタイで気づいた放火犯 俯瞰で見ると矛盾点が浮かび上がる

事件の捜査では、細部に注意をはらうことも必要ですが、俯瞰《ふかん》の目で見ることも大切です。細部だけをピンポイントで見ていると、全体像を見れば気づく違和感や矛盾点を見落とすことがあるからです。

それを痛感したのが、放火事件の通報があり、第一通報者の自宅を訪れた時のことです。第一通報者は、きちんとスーツを着たまじめそうな印象の会社員。落ち着いた話しぶりで「会社を定時に出て、家に着いて40分後くらいにふと外を見たら、○丁目の方向に火が見えたので、あわてて通報しました」と語りました。これだけを聞くと、特に疑問を抱く必要もない情報といえます。でも私はその時、彼がまだネクタイをしていたことに違和感を抱いたのです。（仕事が終わって家に帰ったら、まずスーツを脱いでネクタイを外すよなあ……。「家に着いて40分」も部屋にいたとしたら、この格好でいるのは不自然じゃないか？）と不審に思い、改めて服装に関心を持って見直しました。

するとと、玄関に脱ぎ捨ててあった通勤用らしい革靴に泥がついていることに気づきました。放火現場は舗装されていない道路。そこでその通報者に焦点をあてて、放火現場の最寄り駅の監視カメラを調べた

00:09

ところ、「40分」は嘘で、火事が発生する5分前に、駅から出てくる姿が見つかったのです。結局その通報者が放火犯でした。

このように**ピンポイントの証言だけではなく、全体像を把握すると矛盾点が見えてくる**ことがあります。前述の「伝聞情報は、その状況についても確認をとることが必要」とも関連しますが、視野を広げると、矛盾点が浮かび上がって、真実が見えてきます。

普段の生活でも、**引いて全体を見る意識を持つことで、一つの事項だけにとらわれすぎていると気づかないことが目に入ってきます。その結果、噂話や他人の評価を気にしすぎたりすることなく、大きな観点を持って、惑わされずに進んでいける**と思っています。

FILE.10

親切な日本人は（よく知らなくても）質問に答えようとしてくれる

捜査で聞き込みをしてよく感じたのは、「日本人は良心的な人が多いから、質問されたら答えようとしてくれる」ということです。

「不審な人物を見ましたか？」と聞くと、たとえ記憶があいまいだったり、はっきり見えていなかったりしても、「黒っぽい服の人を見たような」

■ .ıll ▭ 00:10

など、何かしら答えようとしてくれます。協力しようとしてくださるのはありがたいことなのですが、時には、それが捜査を誤った方向に導いてしまうので注意が必要です。

ある通り魔事件で、被害者は、ご両親に大事に育てられた女性でした。捜査にはご遺族からの情報も必要ですので、お話を伺い、「遺族調書」を作成しなければなりません。これは刑事の仕事の中でも特につらく、お話をしてくださったご遺族の前で、最後に遺族調書を読み上げて間違いがないか確認していくのです。読んでいるうちに涙があふれて、なかなか読み進むことができなかったのを忘れられません。

その事件は新聞やテレビでも大きく報道されました。そして、ある新聞社の取材で、遊び人風の外見の男性が「被害者の女性と犯人は知り合いで、ご飯を食べた仲だ」と答えたと報道されたのです。この報道から、被害者の女子大生も実はご両親の知らないところで遊びまわっていたようなイメージがもたれてしまい、ご遺族はさらに大きなショックを受けられてしまいました。

私たちの捜査でも、犯人と被害者の交友事実は一切浮かび上がってこなかったので不審に思い、取材されたその男性を探しあててよく話を聞きました。すると、

「（特に面識はないけれど）犯人もその女性も同じ年だから、たぶん、

00:10

成人式で同じ会場にいたと思うんです。ということはその時、同じ会場で一緒にご飯を食べているわけですよね」

という程度だったことがわかったのです。記者に聞かれたから、何か記事になるようなことをしゃべらなければと思って、少し〝盛って〟話をしたのでしょう、新聞社はその真実を吟味して記事にしなければならなかったのに、そのまま報道してしまったのです。

取材に答えた男性も、悪気はなく、嘘をついたという自覚もなかったかもしれません。「聞かれたから、何か答えなくっちゃと思った」ので、自分の言動が、これほど大きな影響を及ぼすとは考えが至らなかったのでしょう。

後日、被害者とご遺族のために訂正記事が掲載され、お嬢様の名誉が回復されたとご遺族に思っていただけたのが、せめてもの救いでした。

誰かから尋ねられるとか、相談された時に、**人は「できるだけ役に立ちたい」という親切心やサービス精神から、よくわかっていないことでも知っているかのように答えたり、根拠の薄い事実をもとにアドバイスをしてしまうことがあります。**それを心にとめておき、自分自身でも他者を惑わせたりしないように心がけつつ、鵜呑みにせず冷静に判断する必要があります。

■ .ıll 🔋 00:11

FILE.11

コンビニの看板は本物か？ アウトプットで情報の精度を高める

何度か述べていますように、私たちはものごとを見たり聞いたりしても、関心を持っていないとその情報が脳にインプットされず、記憶が定着しません。そのことを証明するために、私が講演会でよく行うことがあります。

講演が始まってからしばらくたったところで、会場の全員に目をつぶってもらいます。そして、

「私が今着ているスーツは何色でしょうか？」

「ワイシャツは何色で、ネクタイはどんな柄でしょう？」

と質問してみます。

スーツの色が茶系だと思う人、ブルー系だと思う人、と目をつぶったまま手をあげてもらうと、割合はだいたい半々くらい。ワイシャツの色やネクタイの柄になると、もっと答えがあやふやになります。目を開けてもらって、自分の目で確かめて驚く人がほとんど。講演が始まってからずっと目にしているはずなのに、そこに関心を持って見ていないため、記憶に残っていないのです。

同様に、

00:11

「コンビニのローソンの看板を知っている人はいらっしゃいますか？」

というと、ほぼ全員が手をあげます。そこで、

「では、ローソンの看板を描いてみてください」

というお題を出すと、正確に描ける人はまずいません。いつもどこかで目にしているはずなのに、ほとんどの人が首をかしげて考え込み、似ているようでどこか違う絵を描きます。さらに、

「これがローソンの看板です」

とあるマークを見せると、たいていの人は「あー」「これだー」と思い出したように声をあげるのです。

そこで私はすかさず、さらに質問します。

「これって本物のローソンの看板だと思いますか？」

すると、「あー」と声をあげていた皆さんの声が、今度は「えーっ!?」に変わるのです。

このように疑問を投げかけると、たとえそれが本物のマークだったとしても、全員が自信を持てなくなり、

「はい、間違いなくローソンのマークです」

と断言できる人は一人もいなくなってしまいます。

それは本当に「知っている」ことになるのでしょうか。誰もが「知っている」と確信していることが、実は、こんなにあやふやなものなの

00:11

です。

自分の知識として正しくインプットしたいなら、正しいインプット方法を学ぶことが大事です。知ったことを頭に入れただけでは、正確な情報を得たことにはなりません。それが正確な情報かアウトプットして確認する。ここで言えば「本物のローソンの看板を見に行くこと」がアウトプット。これが「正しい情報を得る」ということなのです。

捜査においてはそれを念頭に、受け取ったあいまいな情報は自分の目で確かめたりしてアウトプットさせることで、精度を確かめなければなりません。

日常においても、人への評価にしても同じです。友達のこと、仕事仲間のこと、家族のことも、「知っている」と思っていても、勘違いしたままインプットされていることが意外に多いものです。

本当にそうなのか言葉にして確認してみる、一緒に行動して確かめてみる、時にはそんなアウトプットの作業をしてみるのも、思い違いを防ぎ、誤解のないコミュニケーションをとることにつながります。

00:12

FILE.12

成功率5％なら「NO」と言うAIが正答とは限らない

私は捜査第一課ではデジタル捜査班の班長として、デジタルフォレンジック（デジタル証拠）の押収解析を専門としていました。また埼玉県警察における捜査本部の重要事件では、携帯電話の精査や、各種ログの解析も行っていました。しかし私は1976年生まれで、ネイティブのデジタル世代というわけではありません。スマートフォンが登場したのは、私が刑事になってからのこと。学生時代にはアナログの生活も体験していますし、デジタルの恩恵にも浴している世代です。そのせいか、生まれた時からスマートフォンやパソコンと接している世代のSNSやネットとのつきあい方には、危うさを感じることが多々あるのです。

少ない情報だけでやりとりするSNSでは、薄い情報をもとに、一方的な判断をしがち。それが原因で誤解が生じ、いじめも起こりやすくなります。LINEいじめのこんな事例があります。

とある高校のクラブ活動のグループLINEで、Aという学生が、「大学受験を目指したいので、部活を辞めたい」と投稿しました。

親友のBは以前から直接そのことをよく相談されていて、Aがそう

00:12

決意した経緯も深く理解していました。そこでAのことを応援する気持ちをこめて、グループLINEで

「Aはいなくてもこの部は大丈夫、私たちが頑張るから心配しないで」

と投稿したのです。ところがその他のメンバーは、Aの引退希望表明が突然で受け止めきれないこともあって、

「いなくても大丈夫なんて、Bは冷たくない？」

と反感を抱き、LINEいじめに発展してしまったのです。

このように、短い文面の情報だけでは、受け取り方は大きく変わります。Face to Faceのつきあいであれば、その人の全体像を把握できますので、SNSを見ても、

「あの人だから、こういう発言をするんだな」

と理解できるでしょう。でもネット上だけのつきあいは、一面的・断片的な情報に基づいており、そこに載っている以上の情報は見えません。相手の全体像をつかめないまま、思い込みだけで関係が深まっていくので、勘違いや行き違いが生まれやすいのです。

事件の捜査をしている時も、**「現代人の多くは、〝全体像や奥行きを見る力〟が欠けている**のではないか」と感じていました。

「私が真剣に悩んでいることをからかったCさんは、無神経な人」

……なんて、自分に余裕がない時は特に、目の前の情報だけで相手の全体像を決めつけがちですが、「その人の奥行きまで考えて見る」

00:12

ことができれば、どうでしょう。「悩んでいることを平気でからかうCさんは、自身も同じような悩みを抱いていたけれど、深く考え込んで煮詰まるより、気分転換したことで解決に近づいたという経験があるから、あえて気持ちを軽くさせようとしている」のかもしれません。誰でも目に見えている部分だけがすべてではありません。だからこそ、**相手のことを知る力＝「聞く力」**が必要なのです。

ＡＩに頼る部分が増えていくこれからの時代、もしどう行動するべきかＡＩに相談し、成功の可能性が機械的に計算されて、成功率５％という数字が出たら、

「成功率が低いので、チャレンジしないほうがいいですよ」

とアドバイスされるでしょう。でも相談者のことを深く知っている親友だったら、

「95%失敗するとわかっていても、チャレンジしなければいけない時もある。君にとって、それが今だよ！」

と背中を押すかもしれません。それが「**奥行きを知った人対人のコミュニケーション**」ということであり、現代人にも改めて求められているコミュニケーションなのではないでしょうか。

何よりつらい仕事は「被害者支援」

事件が解決し、犯人が逮捕された後の被害者や被害者のご家族の支援を担当させていただくこともありました。刑事生活を振り返って最もつらかったのは、ご遺族の深い悲しみ、苦しみに向き合わねばならない、この被害者支援の仕事でした。

刑事という立場で、自分がお役に立てることは何かと考え続けてきましたが、ある殺人事件の被害者のお母様からこう言われたことがありました。

「佐々木さん、私たちの気持ちをわかろうとしているでしょう？」

「はい、もちろんです」

少しでもご遺族の気持ちを理解して寄り添えれば、と思っていましたから、そう答えました。しかし、お母様から返ってきた言葉に、はっとしました。

「私たちの気持ちは、絶対にわからないからね」

この言葉は、被害者支援における私の信念の基本の一つとなっています。

そうなのです。自分の家族が犠牲になって失われる、という経験をしたことがない私がいくら努力して想像したところで、被害者のお気持ちを完全に理解するのは絶対無理なのです。独学で心理学を勉強したりもしましたが、細かい気づかいのうえに立ったコミュニケーションを積み重ねていく以外に、ご遺族のお気持ちに近づける方法はありません。

あるご遺族の方には、「私の対応の仕方でダメだと感じたことを教えてほしい」とお願いしたこともあります。その時には、次のようなメールをいただきました。

〈ダメだと感じたことは特になくて
・いつも話しやすい場所と雰囲気を作ってくれた
・家族全員を被害者遺族として気づかってくれた
・刑事さんだから血痕は見慣れているはずなのに、私たちには小さな血痕も

見えないようにしてくれた
・被疑者と私が親しい関係だったという事情を考慮して、私の前では被疑者を呼び捨てにせず、苗字に「さん」づけで呼んでくれていた〉

私の被害者支援には至らないことがまだまだあったと思います。でも完璧ではなくとも、「自分ができることを精一杯させていただきたい」ということだけでも相手に伝われば……と心がけていました。

また別のある殺人事件では、被害者の方が大のサッカー好きで、Ｊリーグの試合のチケットをお財布に入れて、観戦を楽しみにされていた、とご遺族の方に伺っていました。

被害者の方が応援していたチームにそのことを伝える機会があり、そのチームがご好意で、クラブハウスにご遺族を招待してくださったのです。そして選手全員がユニフォームに被害者のお名前とサインを書いてくれました。

この時、選手と一緒に撮った写真に写るご遺族の方の表情は、少しだけ和らいで見えるように感じました。私はその写真を大切にし、今でも時おり眺め、思い返しています。

たとえ被害者の気持ちを完全に理解することはできないとしても、その悲しみや苦しみに寄り添えるようにするには、どんなコミュニケーションをとっていけばよいのか考え実行していく。それが、被害者支援だと信じています。

そして、刑事時代につながったご縁や経験させていただいたことは、退職したからおしまいではなく、私にとってこれからもずっと忘れてはならないものです。

第4章

【取り調べの極意】相手と同じ着地点を探れ！

FILE.13

「相手に考えさせる質問」で引き出せる情報が激増する

私が学校や警察、一般企業などの講演で、取り調べの中でもとりわけ大事な「問う力」についてお話しする時、よくやっていただくのが次に紹介する、「私は誰でしょう?」というゲームです。

私が「ある有名人」ということにします。会場の中から誰かに「質問者」になってもらい、私に10の質問をしてその答えから、誰なのか

00:13

を当ててもらいます。(質問者には見えないように、会場の方々だけにその有名人の写真を見せます)。

最初にヒントとして「私はスポーツ選手です」と言ったとしましょう。するとたいてい「何のスポーツですか?」「男性ですか女性ですか?」「現役ですか?」といった質問が投げかけられます。

でもこうした質問だと「野球です」「男性です」「現役です」と、それぞれたった一言で回答が終わってしまい、たいした情報は得られません。結局、10問ギリギリで答えがわかることがほとんどです。

もし取り調べの時、このような「**一言しか返事が返ってこない質問**」をしていたら、事件の全貌を聞き出すまでに膨大な時間がかかってしまい、非効率です。そこで私は、次の質問者にバトンタッチしてもらい「**私が一言では答えられない質問、自由に答えられる質問**を投げかけてみてください」

と言ってみます。一言では答えられない質問、自由に答えられる質問とは、例えばこういったものです。

「昨年の結果を踏まえ、今年はどういった目標を持っていますか？」

これは一言では答えられず、次のように答えることになります。

「一昨年に肘の大手術を受けて昨年は二刀流では試合に出られず、打者のみで出場しました。今年は、また二刀流としてワールドシリーズで活躍したいと思います」

もし最初にこの質問をされていたら、一発で「大谷翔平選手」と正解が出ていて、質問タイムはあっという間に終わっていたでしょう。

このように**情報量の多い回答を引き出すためには、質問者の「問う力」が必要**になります。では「問う力」とは何でしょうか。私は表面的なことではなく、**その人の内面的なことを知りたいと思う気持ちの強さが「問う力」**だと考えています。「名前は?」「年齢は?」といった表面的な質問は、何も考えなくても、反射的に答えることができます。そのため「聞かれたから答えている」といった、受動的な姿勢になってしまいがちです。これでは、深い情報は引き出せません。

そうならないように取り調べや聞き込みでは、**質問された側がその質問の意図を自分で考え、頭を働かせて答えなければならない、能動的な姿勢になる質問を投げかける**のです。そうした能動的な受け答えを繰り返すうち、やがて**相手は記憶が喚起され、こちらが質問をしなくても自分から積極的に返してくれる**ようになります。例えば、

「昨日の夜11時頃、隣の部屋の異変に気づきませんでしたか？」

という、気づいたか、気づかなかったかの二択を問う質問だと、「特に気づきませんでした」で終わってしまいます。でも、

「昨日の夜11時頃、大雨が降り出したのですが、その時、何をされていたか覚えてますか？」

■ .ıll ▭ 00:13

という質問なら、

「もう布団に入っていたけれど、なかなか眠れなくて、本を読んでいました」

と記憶を呼び戻しながら、

「そういえば、そろそろ寝ようかな、と思った時、壁越しに変な物音がしたかも」

というような答えが返ってくるかもしれません。相手に脳をフルに使ってもらう、**「考えなければ答えられない質問」**をしたからです。

日常での会話でも同じことがいえます。

「なにげない世間話が苦手」「話しかけてもすぐに会話が終わってしまう」という悩みを耳にしますが、それは、**一言で終わってしまうような表面的な質問**を投げているからではないでしょうか。

さらに言うなら、それが**相手に対する真の興味から発せられた質問ではなく、ただの場つなぎの質問であることが伝わってしまっている**ので、そうした浅い質問に、深く考えてまで答えようという気を起こしてもらえないのかもしれません。

「今日は、暑くないですか？」と聞いた時に、「ええ、暑いですね」としか答えてくれない相手でも、

「こう暑くて喉がカラカラだと、ビールが飲みたくなりますね！」

00:13

と話しかけたら、「ビールが好きなんですが、最近は健康診断の数値が気になって、健康茶に切り替えました」というような答えが返ってくるかもしれません。

そうしたら、「実は、私も健康診断の結果で……」とか「今、何かスポーツをしているのですか?」といったふうに話題も展開していくでしょう。

その時に、第2章で述べた「自己開示」を心がけ、「そうですか、私が好きなのは○○茶で……」というような情報を自分からも伝えていったなら、さらに話が膨らみ関係性の距離も近づいていけるでしょう。

FILE.14

タイミングを見はかり怒る時こそ冷静に

私は部下に対して、感情的になって怒ったことがほとんどありません。感情的になって怒ることで部下が育つならいくらでも怒りますが、実際はその逆。**感情的になって冷静さを失うと、普段、自分が言っているのと矛盾した言葉が出てきてしまい、結局は、信頼を失ってしまうことになりがちだからです。**

私にそれを教えてくれたのは、息子でした。私は刑事としても父親

■ ııl ▭▭ 00:14

としても、児童虐待は絶対に許せないという強い信念を持っており、普段から職場でも家でもそれを口にしていました。しかし長男が中学生だった頃、叱っている時に口答えをされ、つい手が出てしまったことがあったのです。すると長男は、

「親父はいつも『虐待する親は許せない』ってあんなに言っていたのに、言っていることとやっていることが違うじゃないか」

と言うのです。それでハッと気がつきました。感情に流されて冷静さを失い、普段口にしていることと矛盾した言動を一度とってしまうと、その後、信用を取り戻すのは至難の業。その代償はあまりに大きいのです。

私も怒りを表現することはあります。でもそれは、「**この会話の流れだと、ここで怒っておいたほうがいい**」「**ここで怒ったらこの人も何かに気がつくかもしれない**」**と冷静に考えて、判断した時**だけです。

刑事時代に、自分が本気で怒った姿を見せたのはあの時だったな、と思い出す場面があります。

当時17才の少年が祖父母を殺害したとして強盗殺人などの罪に問われた事件で、少年の母親に事情聴取をした日でした。

その母親は浪費癖が激しく、少年を親戚の家に行かせては借金をさせていました。自分の両親、つまり少年にとっての祖父母からも勘当

00:14

されていたのですが、「自分にはもうお金を貸してくれなくても、かわいい孫の頼みなら貸すだろう」と、借金に行かせたのです。

普通に考えたら、母親にそんなことを頼まれて従うなんて信じられませんが、少年は学校にも通わせてもらえず、依存できるのは母親だけという境遇でした。母親から見放されてしまうことが何よりも恐ろしく、絶対服従という関係だったのです。

祖父母に借金を断られ、しょんぼり戻って来た息子を母親は叱りつけ「何をしてもいいから、金を持って来い」と、再度送り出しました。

再び祖父母のもとを訪れましたがやはり断られたために、少年は「このままでは母親のところに帰れない、何としてもお金をもらわなければば」と、祖父母を手にかけてしまったのです。

取り調べで、母親は両親が殺されたことはわかっているのに「本当に死んだんですか」と白々しく問いかけてきたりして、自分に都合のいい作り話しかしません。私は関係者の供述から、母親の話がほぼ嘘だとわかっていましたが、否定せず、相手の手の内を知るためにも話しきるまで全部黙って聞きました。

一方、少年は母親をかばっていましたが、取り調べを続けるうち、とうとう、母親の指示で祖父母宅に行き、犯行に及んだことを自白しました。すると、自分の証言と矛盾するため苦しい状況になった母親は「私はそんなつもりはなかったのに、私の言葉を誤解して、息子が勝

▩ .ıll ▭ 00:14

手にやった」と言い出しました。

それを聞いて私は、これは怒るところだろう、と妙に冷静な気持ちでスイッチを切り替えました。それまで、母親の苗字に「さん」付けで呼び、できるだけ丁寧な口調で穏やかに話をしていたのですが、その時はあえて呼び捨てにし、初めて怒りを見せました。

「おまえは母親だろう! 母親だったら命をかけても息子をかばえ! うちの母親だったら、絶対に俺のことをかばう。そうするのが母親だ!」

母親はその言葉を聞いて沈黙していましたが、後に自白しました。

日常生活の中で、怒りの感情を持つことは多々あります。「そういう時には、怒りを発散させたほうがいい」という考え方もあると思いますが、前述したように**感情的になって怒りを発散させると、自分の本意と矛盾した言動になってしまい後悔する結果になりがち**です。

そうした経験から、部下を怒りたい時でも、**矛盾した言葉が出ないように、冷静に言葉を選びながらここぞというタイミングを計って怒る**ようにしていました。それが「叱る」ということだと思っています。

怒りを感じた時こそ、自分の感情を発散させるためではなく、あくまでも「どう怒りを伝えたら、その人のためになるか」「自分が優位に立った状況（＝必要な情報を引き出せる）になるか」「お互いの関係にとってプラスになるか」を念頭においた行動をとるようにしています。

00:15

FILE.15

嘘をつかれたら嬉しいと思え 鍵はそこに隠されている

被疑者を取り調べていると、「これは嘘ではないか」と疑念を持たざるを得ない供述に出合うことも少なくありません。そういう時に私は「警察を馬鹿にしているのか」と頭にくるよりは、むしろ嬉しくなります。**嘘にはその人にとって重要な鍵が隠されていて、そこから真実をひもとく糸口が見つかる**ことが多いからです。

ですから、嘘だとこちらがわかっている状況でも「そんな話は嘘だろう」と聞き流すのではなく、相手の話を一度、全部聞いて受け止めてみます。その後に「**この人はなぜ、こういう嘘をつくんだろう**」と**考え、嘘をついた理由を推察して、そこからアプローチをかける**ようにしています。

嘘を受け入れる理由は他にもあります。例えば、いわゆる「嘘発見器（ポリグラフ）」を使うことで、ある程度見抜ける嘘もあります。それでも世の中には、「絶対に見抜けない嘘」があって、相手が嘘をついているか正直に明かしているのかを完全に見抜く方法はないと思っています。逆に、本当のことを語っているのに、こちらの主観で嘘だと思って話を進めてしまう危険性もあります。そこで、相手に信

00:15

頼してもらうためにも、相手が語ることはいったん、すべてを受け入れる必要があるのです。

どんな人でも、**嘘をつき続けることは大きなストレス**になります。警察がどこまで、何を知っているかもわからない時はなおさら、疑心暗鬼になって苦しい思いをすることになります。だからこそ早い段階で真実を引き出せるよう信頼関係を築き、「もし嘘をついているのだったら、やめたほうがいい。それが自分の利益になると思っているのだろうが、嘘をつけばつくほど、実は損をするだけ」ということを、理解してもらうように努めます。

刑事は取り調べで、被疑者に何度も同じことを聞きます。それは、「**嘘**

の記憶は薄れやすい」からです。一つ嘘をつくと、つじつまを合わせるためにどんどん別の嘘が必要になります。ですから、細部を追及していくほどに嘘が増えていき、最終的には自分がついた嘘を自分でも把握しきれなくなり、供述に矛盾が出てくるからです。

「その日は、○○さんとは会っていません」「では、何をしていたのか」「○○で買い物をしていました」「何を買ったのか」「○○を買いました」……。

本当のことであればしっかり記憶に残っていますが、**嘘の記憶は薄れやすい**ので、3日後に同じことを聞くと詳細を忘れてしまっていることが多いのです。嘘をつき続けている人には、自分の記憶の矛盾を

00:15

追及され続けることは大きなプレッシャーになります。

私は取り調べでこう言います。

「証拠は持っているけれど、絶対に見せない」

証拠を見せれば被疑者は観念し、「申し訳ありませんでした」と謝るかもしれません。でもそれは、嘘をついたことを警察に対して謝罪しているだけです。そうではなく、被害者やご家族に対して謝罪して償うべき。だからこちらから証拠を出して認めさせるのでなく、自分の犯した罪を自分から語らせ真実を引き出さなくてはならないのです。

日常生活でも、さまざまな嘘に出合うことは多いと思います。でも前述したように、その**嘘には、真実に近づくためのヒントがある**のです。

遅刻をした部下に理由を聞いたとします。「体調が悪く起きられませんでした」と答えていますが、酒臭く、深酒をしたために寝坊したのは明白。だからといってそこで「嘘をつくな。飲みすぎだろう」と詰め寄るのではなく、いったん流します。その嘘で、部下が自分の飲酒癖をコントロールできないこと、それを隠そうとしていることがわかりますし、今後の成長のためにどう反省させていけばいいかのヒントも知ることができるのです。でも厳しく叱責し、関係性が絶たれてしまうと、それもできません。否定からではなく、自ら本当のことを言える環境を作ってあげることが必要なのです。

■ .ıll ▭ 00:15

親子の関係でも、同じです。子供はよく見え透いた嘘をつくものですが、その嘘さえ言えなくなったら、逃げ場がなくなり何も話せなくなります。嘘と思ってもそこで否定したり叱ったりせず、その嘘の奥にあるものは何か、考えてみることも必要ではないでしょうか。

「人間は誰しも、大切なものを守るためには嘘をつくものだ」という思いもあります。警察が証拠をつかんでいないようだったら、このままバレないかもしれない、だったらそのほうが自分にとって有利だと考えるのは、当然の心理です。私だって逆の立場なら警察がどれくらい知っているのか、しらを切りながら出方を見るでしょう。

もし仮に、私の家族が犯罪者で、自分が警察に情報の提供を求められたら、家族を守るために嘘をつくと思います。もちろん、嘘をついて一つもよいことにならないとは、わかっています。運よく逃げきれたとしても、罪を犯した事実は一生つきまとい、家族も私も苦しみ続けます。真実を語ったほうがいいに決まっています。それでもやっぱり、嘘をついてしまうかもしれない、と思うのです。

理屈では正義とわかっていても、情というのはもっと強いものです。それは人間だからこそなんだと、多くの取り調べをする中でも感じました。だから、**嘘をつかれたら、そこにこそ大切なもの、守りたいものが隠されている**と考えてみてください。

00:16

FILE.16

クレーマーこそ実はコミュニケーションがとりやすい

被疑者にもさまざまなタイプの人がいます。中には、取り調べをする刑事に対する不満をぶつける「クレーマー」のような人もいますが、私はそういうタイプのほうがむしろ、コミュニケーションをとりやすいと感じていました。なぜなら、**クレーマーは、自分が不満に思っていることをズバリ言ってくれる、わかりやすい相手**だからです。

同僚の刑事が事情聴取しても、情報を提供してくれない方や、事件について全く話そうとしない被疑者がいました。しかし私が代わって担当したところ、意外にすんなり、供述をとることができました。これは取り調べ能力の優劣の問題ではありません。私が被疑者を落とすことができたのは、事前にその被疑者が前の刑事の取り調べ方法に不満を抱いていた、という情報を得ていたからです。そこで私は、前の刑事とは違うアプローチをしました。簡単なことで、話そうとしない理由がわかっているのであれば、その理由を解消すれば、話してもらえるようになるケースが多いのです。もちろん、私の取り調べのやり方に対する不満を持つ被疑者であれば、別の刑事が真逆の方法をとることで、解決することもあるでしょう。

00:16

警察はチームで動いているので、「誰の手柄」とかは関係なく、最終的に事件が解決することが重要なのです。野球選手が、「ホームランを打っても試合に負けたら意味がない」と言うのと同じです。

もし身近にクレーマータイプの人間がいて、始終、不満ばかり聞かされていたらかなりのストレスですよね。でも「こういうところが嫌だ」「ここが気に入らない」と指摘されているのなら、その人とのつきあいの中では、その面を見せないようにすればいいのです。何も口に出さず心の中で鬱々と不満の種を育て続けて、ある時突然爆発させてしまう人よりも、ずっとわかりやすい相手だともいえます。そんなふうにとらえると、人間関係で不要なストレスを抱えずにすみます。

FILE.17

話が通じない相手には視座を変えてみる

これまでも、「自分はこう考えるから、相手も当然そう考えるだろう」という共有の予測は全くあてにならない、と述べてきました。それまでの人生で体験してきたことが違う人同士では、同じものを見ていても、違って見えることが多いためです。会話を重ねても通じ合えない時は、自分の視点ではなく相手の視点に立って話すように心がけると、通じやすくなるものです。

■ .ıll ▭ 00:17

取り調べで「なぜ見ず知らずの人を殴ったのか」「理由はない。なんとなくむしゃくしゃして」という会話が続いていて、そこから全く前に進まなかったとします。でも、相手の視点に立ち「不景気で会社を一方的に解雇されて、持ち金が底をついてしまって、借金で友達もいなくなった状態で、忘年会帰りで楽しそうにしているグループを見たら、そりゃむしゃくしゃするよな」「そのグループを見て、何にいちばん、腹が立ったんだ？」という聞き方をしたら、それまでと違った答えを引き出せる可能性が高くなります。

また何かを伝える時は、受け手の年齢や立場によって会話のレベルを調節することも必要です。小学生には、小学生がわかる言葉と例えで話さなければなりません。

小学生に、「薬物依存症とはどんなものか」を伝えるとしましょう。

「外で知らない大人から『この薬をのむと楽しい気分になるよ』と勧められたら、どうする？」

「のまない」

子供たちはそう答えるでしょう。しかしこういう会話では、薬物依存症の恐ろしさは子供たちにリアルに伝わっていません。私だったら次のような会話をします。

「すごくのどがかわいている時に家に帰ったら、テーブルの上にぬるい水と、キンキンに冷えている炭酸ジュースがありました。どっちを

■ .ıll ▭ 00:17

飲む?」

「炭酸ジュース!」

「『次の日、『子供は炭酸ジュースを飲んではいけない』と法律で決まりました。家に帰ると、ぬるい水しかありません。そんな時、友達が君のために、冷えている炭酸ジュースをこっそり持ってきてくれました。家の中には誰もいないので、飲んでも叱られません。さあ、ぬるい水と炭酸ジュース、どっちを飲む?」

「家の中で誰も見ていなかったら、炭酸ジュース」

「せっかく持ってきてくれた友達に悪いから、炭酸ジュース」

多くの子供はそんなふうに答えます。

そこで私は、薬物依存症を断ち切るには、欲しくても自分で「いらない」と言えなければならないこと、薬物を持ってくる人とも完全に縁を切らなければいけないこと、それがとても難しく、一生、誘惑と闘わないといけないこと、などを話すのです。

こういった具体性を持ったイメージが浮かぶやりとりができると、子供たちの心にも残ります。

逆に、言葉のレベルが高い人、特殊な分野で経験が長い専門家などにお話を伺わなければならないことがあります。そんな時は、（全部は理解できなくても）その人が書いた論文を読んだり、その専門分野でよく使われる言葉などをあらかじめ、頭に入れておきます。

00:17

身近な人と話をしていても、「この人とはなぜか、話が通じない」と歯がゆく思ったり、イライラしたりすることがありますよね。そういう場合、相手を変えようとするより、まず自分の視座を変え、相手に合わせて自分の伝え方を変えるように私は心がけています。

仕事を教える時でも、まず**相手のレベルを探り、それに合わせて教え始める**ほうが効率的です。相手にレベルを合わせてもらおうとしたり、**通じ合わない会話をやみくもに続けたりするよりも、自分を相手に合わせて変えるほうが無駄なく効果的**なことが多いのです。

FILE.18

立場が違っても共有できる着地点はある

ある人が私に対して「佐々木さん、今度、僕と振り込め詐欺やって大金を稼ぎませんか?」と誘ってきたとしましょう。どんなにその人が感じのいい人であっても、私は全く話を聞く気にも答える気にもならず、会話が成立しないでしょう。私の目標が「犯罪を未然に防止する」ことであり、その人の目標が「罪を犯してでもお金を稼ぐ」ことなので、全くニーズが違うからです。

■ .ıll ▭ 00:18

同じように取り調べでも、刑事と被疑者では同じ事件について話をしていても、刑事は「事件の真相を知りたい」、相手は「嘘をついてでも真相を隠し通し、無罪になりたい」と、異なるニーズの上に立っているため、全く話が進まないことも当然あります。

そういう場合、「事件の真相を話すことが被疑者自身のためにもなる」というようにアプローチも変えます。すると、今度は着地点が重なってくるので、被疑者もこの刑事を頼ってみようかという気になってきます。そのためには、最初のアイスブレイクの段階から相手のニーズを探り、共有できる部分を見つけていくことが必要です。

第2章のFILE4の「自己開示」で例を出した、ある殺人事件の被疑者と交際をしていた女性の取り調べも、話をしていくうちに、警察側が彼女の着地点（最終目的）を見誤っていたと気づき、アプローチを修正したことで、重要な証言を得られたのです。

前述したように、黙秘していた被疑者と交際していた彼女も、何も話そうとしませんでした。膠着状態の中、彼女と雑談でもいいから話してみるようにと上司から呼ばれたのです。お互いの恋愛話などをしていくうちに私が確信したのは、「彼女は今も、被疑者に愛情を抱いている」ということ。そうなると、これまでの取り調べで、被疑者の犯罪の悪質さを強調し、被疑者から気持ちを離れさせ関係を断たせて、

00:18

彼女の証言を引き出そうとしたアプローチは誤りだったわけです。

「今は、どんな気持ち?」と聞くと、

「彼が捕まってしまって、これまでのように一緒にいられないのが、とてもつらい」

という答え。

「最終的に、彼とどうしたい?」

「結婚して彼の子供を産みたい」

彼女は迷わずはっきりと答えました。

「今の状態は二人にとってもよくないことだね」

「はい」

「じゃあ、今後二人が結婚するにはどうすればいいんだろう」

と投げかけました。すると、

「真っ白になって出てきてほしい」

それが彼女の願いでした。

「真っ白になるとはどういうこと?」

「罪を償うということです」

彼女のほうからそう切り出したのです。でもそこまで明かしても、まだ彼女は、その事実を証言として警察に告げることを迷っていました。

「私が警察にチクるのは、彼への裏切りに思えて……」

私は、彼女が「チクる」という行為に強い抵抗を感じていると気づ

00:18

き、彼女がしようとしていることと、「警察にチクる」との違いをはっきり説明しました。

「チクるというのは、警察の利益になるような話を告げ口することだよね。でもあなたが話そうとしているのは、警察の利益のためではなく、彼と一緒になりたいというあなたたちの希望をかなえるために必要だからでしょう？　それはチクるのとは全く違う」

彼女はしばらく黙って考えていましたが、

「わかりました。彼が罪を償う勇気を持つために、私が、彼の背中を押してあげたい」

と、自分が知っていることをすべて、語ってくれました。

このように、**全く立場が違うようでも、着地点を共有できると解決法が見つかってくるのです。**

「残業したくない」という部下の着地点と、「今月の営業ノルマを達成したい」という上司の着地点は一見、一致しないように見えますが、「仕事の効率をアップさせることで売り上げをアップさせる」という共通の着地点を見つければ、両者にとってwin-winとなるコミュニケーションが成立するのです。

00:19

FILE.19

「目的」と「手段」を混同すると目の前のチャンスさえ見逃してしまう

誤解されがちですが、警察の最終目的は「犯人逮捕」ではありません。**「被疑者に、公正な裁判による正当な刑罰を受けさせる」**ことによって、犯罪発生を防止・抑制するのが最終目的です。適正な捜査で逮捕をするのは、あくまでもその手段であり、**逮捕を目的にして捜査をしてはいけない**、と私は強く自戒してきました。

捜査を続けていると、どうしても「これだけ苦労して調べたのだから、逮捕という成果に結びつけたい」と〝欲〟が生まれてしまいがちです。しかし、逮捕を目的としてしまったら、大切なことが目に入らなくなったり、冤罪が生まれてしまったりするかもしれません。

それを痛感したのは、所轄の刑事時代に、恐喝の被害届を受理し、被害者と現場に行って実況見分をしていた時のことです。現場の目の前にある自転車置き場を見ると、若い巡査が立っていました。

「いつから、そこに立っていた？」と聞きに行くと、

「3時間以上前から、ここにいました」

ということは、恐喝事件があった時、まさにその現場にいたわけです。

「そこで恐喝事件が起こっていたんだけど、犯人を見なかったか？」

■ .ıll ▭ 00:19

「いや、わかりません。先輩から、『自転車泥棒が盗んだ自転車を取りにここに戻ってくるはずだから、絶対見逃すなよ』と言われていたので、ずっと見張っていましたから」

平然と答えるのに、あきれてしまいました。交番の巡査だったら、自分の管轄を安全、安心な街にするのが仕事で大切な目的です。自転車泥棒にとらわれるあまり、起こっている恐喝が目に入らず、「街の安全を守る」という本来の目的を見失ってしまっていたのです。

これは非常にわかりやすい例ですが、捜査が大詰めになり逮捕の可能性が高くなると、近視眼的な捜査に陥ってしまうことは、絶対にないとはいえません。

日常生活でも、**目の前の課題にのめりこみすぎると、最終目的を見失いがち**です。

警察を退職した現在の私は、一般の方々に犯罪に関わる前の段階での〝気づき〟をわかってもらえるよう、講師やコメンテーターとして自分の経験をアウトプットしていく活動を主にしていますが、目的はあくまでも、「犯罪のない社会を作ること」。今後、活動の場をもっと広げていきたいと思っていますが、目的だけは絶対にブレないようにしなければ、と心に決めています。

00:20

FILE.20

〝雑用〟をどうこなすかでその人の仕事能力が測れる

「重要な仕事ではなく、雑用ばかり押し付けられる」

「なぜ私だけが、雑用をしなければならないのか」

と日々、職場で不満に思っている人がいるかもしれません。でも私は、**雑用を完璧にこなせる人は能力が高い人であり、仕事を効率的にまわせる**と考え評価しています。そのことを、捜査本部の運営で強く感じていました。

刑事ドラマで、会議室に何十人もの捜査員がずらりと並ぶ「捜査本部」のシーンを目にしたことがあるかもしれません。「捜査本部」は、重大な事件が発生すると、捜査の効率化を図り早期解決するために、各都道府県警の刑事部長をトップとして設置されます。時には100名近い捜査員チーム全員で事件を解決していくのですが、捜査本部を運営するためには、直接の「捜査」以外の仕事も発生します。

例えば人数分のコピーをとったり、書類をシュレッダーにかけたり、資料を探しに行って準備をしたり。毎日、全員の昼食を注文しなければなりませんし、お弁当が配達されたらお茶の準備、ゴミの片付

■ .ıll ▭ 00:20

け、徹夜ともなれば布団の用意もしなければなりません。そんな〝雑用〟と呼ばれる細かい作業が、現場の聞き込みや取り調べ以外に大量にあるのです。

仮に、事件が1つのジグソーパズルだとして、解決までに1000個のピースが必要だとしましょう。人の能力はさまざまですから、10個分のピースを埋められる能力を持っている刑事もいれば、ピース5個分の能力しか持っていない刑事もいるでしょう。新人だったら1個分のピースがやっとかもしれません。しかし、ピースが1個でも欠けては完成しませんし、捜査本部は運営できないのです。

昼食の注文という仕事にしても、私は完璧に手際よく行うにはかなりの能力がなければできない、複雑な仕事だと思っています。タイミングを見て献立の選択肢を示し、希望を聞き、お金を集めて、おつりを渡して、何時に届けばいいか時間を逆算して電話をする……。さまざまなことを想定し、頭を働かせなければなりません。逆にいえば、毎日100人分の昼食の手配をスムーズにまわせる新人がいたら、私は「こいつはいい刑事になれる素質があるな」と思うでしょう。

捜査が難航し、泊まりになりそうな気配が濃厚になった時、「そろそろ布団を敷いてきますか」と自分から聞いてくる刑事がいたら、「なんだおまえ、俺を泊まらせる気か」と冗談で返しながらも、内心「こいつわかってるな」と評価するでしょう。

■ .ıll ▭ 00:20

私は若い頃、上司に「コピーをとって来い」と命じられたら、その上司の仕事を観察し、何のために必要なのかを考え、コピーのとり方も変えていました。署内の確認用の資料であれば、無駄のないように両面コピーにして枚数を減らす工夫をしたり、モノクロなのかカラーなのか、提出する分と保管する分を計算して部数を増やしたり……。

私の動きを注意してしっかり見ている部下にコピーを頼むと、同じように細かく調整して持ってきますが、特に何も考えず一部だけ、しかもカラーの必要はないのに高額なカラーコピーをとってくる、という部下もいました。

単純作業のように見えても、「なぜ今その作業が必要なのか」を俯

瞰で見て、最適なやり方を追求していくと、決して単純な一律作業ではないことも多いのです。

チームに仕事の能力レベルが100の人と10の人がいる場合、レベル100の人がお茶くみをするよりも、レベル10の人がするほうがそのチームの仕事を全体的に見て効率的なのは当然ですよね。逆に単純作業であっても、レベル100の人がするほうが効率的な場合があれば、そこにこだわる必要はないと思います。

自分の実力や立場を客観的に把握し、チームの中で今、自分が何をすることで効率が上がるのか、誰が動くのがいちばん効率的か、を常に考えて仕事をしてきました。

■ .ıll ▭ 00:20

仕事やグループでの役割を俯瞰で見て自分で考える習慣をつけると、キャパシティーが広がって、結局、自分でもやれることがどんどん増えていきます。

また、**「思考力ゼロにならないように常に自分で考える習慣」**を持つことも大切です。報告や何か質問をする時も「どうすればいいですか?」ではなく「私はこう思うのですがどうでしょうか?」と聞くことを常に意識してみましょう。

たかが雑用、ではなく、自分がそこから何を学べるか、という意識を持っているかどうかで成長の度合い、得るものが変わってきます。

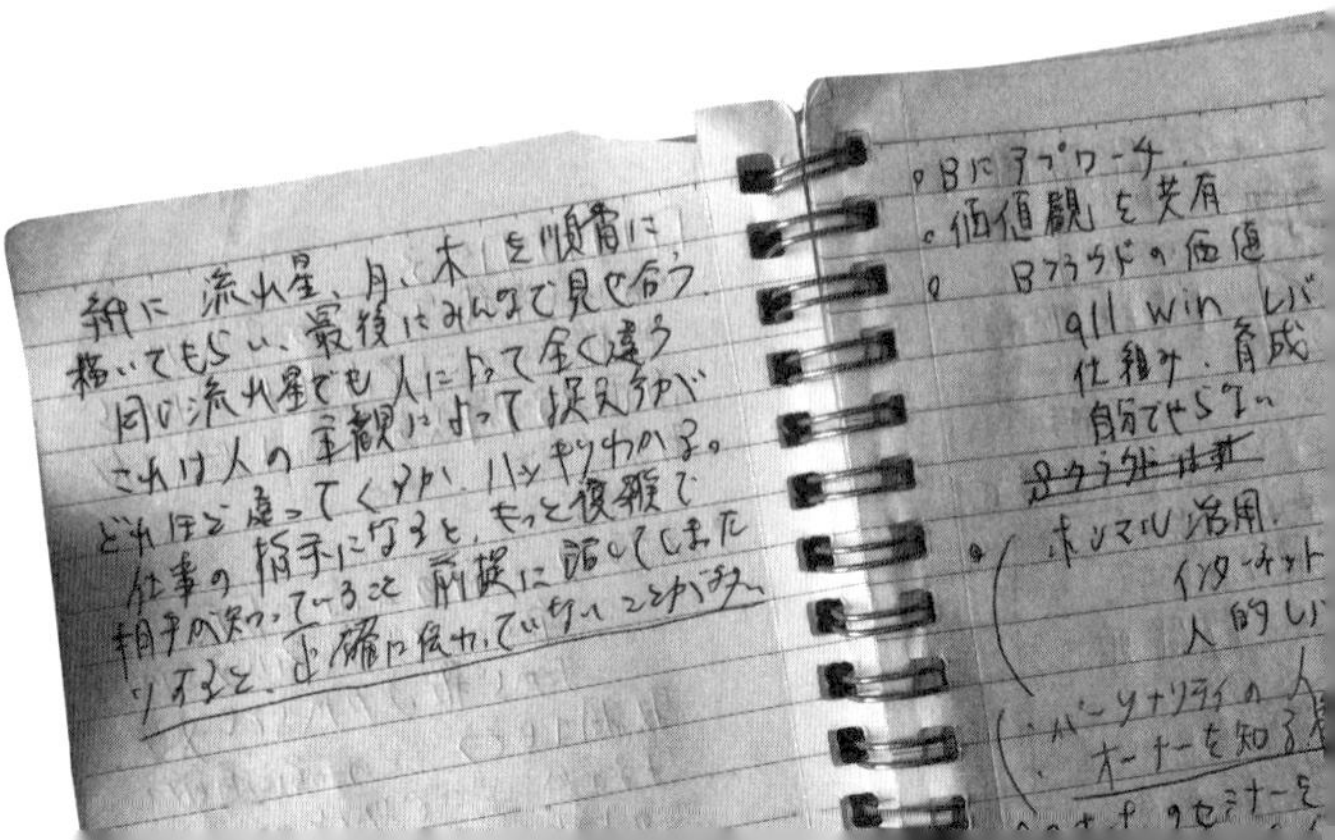

価値観を共有
all win

第5章

今日からできる

「刑事力《デカリョク》」アップ・トレーニング

小さな習慣で、一生モノの「刑事力《デカリョク》」を身につけよう！

その1
周囲の状況や人の動きを観察する

私は退職した今でも、気がつくと「刑事の目」で周りを見ています。すれ違う人の中に指名手配犯に似た人や、職務質問を受けなければならないような不審な動きをする人がいると、レーダーのように視野に入ってきますし、飲食店に入っても、何かが起きた時の避難経路を、無意識に確認しています。一種の「職業病」かもしれませんが、こうした感覚を常日頃から磨いておくことで、いざという時に危険から身を守ることができるのです。

「不審な人とか怪しい人は、どうやって見分けるのですか？」

という質問をよくいただきますが、コツは、**普段から電車や人が多く集まる場所で、一人ひとりを細かく観察するくせをつける**ことです。

例えば、駅の改札付近では、18時、19時など区切りのいい時刻に待ち合わせをしている人がたくさんいますよね。そんな人たちを観察して、「誰を待ってるんだろう？」「どういう関係だろう？」と推理してみるのも、いい訓練になります。

「男性がしばらく前から待っていて、やや遅れて来た女性を見つけて嬉しそうに目を輝かせた。つきあい始めたばかりの恋人同士かな」

「お互い近くにいるのに、携帯で連絡をとりながら見つけたみたい。顔がわからない初対面同士なんだな。もしかしたらマッチングアプリ？」

など、注意してみると気づくことは意外に多いものです。

そして、〝普通の人〟をたくさん観察することで普通の人の行動パターンがわかってくるので、〝普通ではない人〟を見た時に、違和感を感じるようになります。そして、そんな人とは距離をとったり動きを気にしたりするのも、犯罪に巻き込まれないための一つの防衛策です。

その2

異なる価値観を持つ人と、積極的につきあえ

これまでも、

「先入観を持たずにものごとを見る」

「自分の主観ではなく、相手の視点で考える」

ことが大事とお伝えしてきました。

先入観を捨て去ることはなかなか難しく、また人は自分と似た価値観を持つ人に対して安心感を抱くため、集団の中でも似た者同士が集まってグループを形成しがち。そのため知らず知らずのうちに、

「こうあるべき」

「これがあたりまえ」

という先入観が醸成され、頭がどんどん固くなってしまうのです。

あえて、自分の周りにいる〝属性の違う人〟に注目してみてください。あなたと年代の違う人、性別の違う人、職業が違う人、趣味の世界が違う人……属性が異なると、社会観も変わります。

そんな人たちと接する機会を持つのは、

「自分がいつも当然と考えていることが正しいとは限らない」

と自分の考え方を是正するよいきっかけになります。

新しく知り合った人と少し話をしてみて、

「自分とは違う価値観を持っているな」と感じたら、敬遠するのではなくむしろ興味をもって、積極的につきあってみることも必要です。

同じものごとを見ても、

「そういう考え方もあるのか！」

という新鮮な発見があり、自分の先入観から離れ、柔軟にものごとを考えるためのよいトレーニングになるでしょう。

その3

興味のない分野からも情報収集を

自分に関心がない分野だと、テレビや新聞、ネットのニュースでも、注意をはらわずスルーしてしまいがちです。しかし、第2章でお話しした「アイスブレイク」（初対面での緊張感をほぐすための雑談）を成功させるには、幅広い分野の雑学が必要です。

あまり興味のない分野の情報であっても、「このネタは、いつかアイスブレイクに役に立つかもしれない」という目で、関心をもって見てみるようにしましょう。ニュースも雑誌も、拾い読みでもいいので、まんべんなく目を通すことで、幅広い雑学が身につきます。

例えば、私自身は、アイドルグループにはあまり興味はないのですが、アイドルが好きな若い世代の人と雑談をする時に、少しは話についていけるよう、最低限の知識は持つようにしています。

ただし知識を入れても、知ったかぶりをしないこと。**相手の興味を引きそうな話題だとわかった時に相槌を打てるよう、頭の引き出しにしまっておく程度**でよいと思います。

その4

自分の「ダメなところ」を他人にあげてもらう

他人とよいコミュニケーションをとるためには、自分をよく知ることが必要です。

「自分は協調性がある」「人から好かれるほうだから」という自負心を持っている人に限って、周りからは「あいつはワガママ」と思われていたりするものです。

自己認識と客観的な評価の間に差があると、コミュニケーションをとろうとしても、相手との溝はなかなか埋まりません。自分がよかれと思ってやっていたことが、実はマイナスになっているのは迷惑です し、それに気づかないいままずっと同じ過ちを繰り返しているのは、ム ダに時間と労力を使って迷惑を重ねているだけです。

私は自分に対する他人から見た評価を知るために時々、家族や同僚、友人など近しい人たちに「**自分のダメなところを5つあげてほしい**」と頼んでみます。

忌憚《きたん》のない答えを聞いて、そんなふうに思われていたのか、と正直ショックを受けることもあります。しかしそこから目を反らさず、他人にはそう見えているんだな、と向き合って改善しようとすることで、必ず得るものがあるはずです。

その5

観察ぐせをつけるためマイルールを作る

私は子供の頃、「家から学校までの赤信号の数が少ない日はラッキーデー」と（勝手に自分の中で）マイルールを作り、通学中に赤信号で止まる回数を数えていました。繰り返すうちに、赤信号の長い信号機があることや、切り替わるタイミングがわかってきました。

また高校時代にアルバイトをした飲食店では、「キッチンからホールに出たら、1回に最低3つの仕事を片づけて戻る」というルールがありました。注文を取りに行ったらそれだけで戻るのではなく、空のお皿を下げたり、コップに水を注いだり、ということです。そういうルールを決めると、自然と仕事を探すようになり、自分がやるべきことが目に入ってくるのです。

その習慣は刑事時代も今も自分の中で身についていて、一つの仕事をする時には必ず関連してできることを探し、効率的なやり方を考えて動くのがくせになっています。

「身の回りを注意深く見ましょう」と言っても、なかなか難しいもの。そこでこのような「**マイルール**」**を作ると、興味を持って周囲を注意深く観察する習慣を自然につけることができます。**それが対人への気づかいや仕事の効率化にもつながるのです。

その6

「発見ノート」を毎日つける

私は学校で講演を行うと、子供たちに「毎日一つ、『新しいこと』を発見して記録する『発見ノート』をつけてみよう」と提案をしています。ある小学校で講演をした後、「発見ノート」をつけ始めた生徒からこんな手紙をもらいました。「今日は小学校の校庭の土が泥団子を作りやすいことを知りました。明日は何を学べるかすごく楽しみです」

〃昨日までは気がつかなかったこと〃なら、ささいなことでもよいのです。「先生のヘアスタイルが昨日とは違っていた」とか、「家の車の後部座席がけっこう散らかっている」とか……。

「新しい発見」を常に意識していると、**自然にものごとを違う視点や俯瞰で見る習慣がつきます。**また、自分の身の回りは、〝今まで見ていたのに気がついていなかったこと〟であふれていることがわかり、毎日新鮮な発見があるでしょう。

日常の新たな発見は、毎日を惰性で送りがちな大人にも大きな感動をもたらし、成長を促してくれます。だからこそ、これは子供だけではなく、大人にもおすすめしたいのです。私自身も続けていることですが、どんなことでもよいので、**毎日、新たに気づいたことを探してメモ**してみましょう。

その7

自分の「素」の表情を動画でチェックする

非言語コミュニケーション力を高めなくてはならない、と実感したことがあります。それはコメンテーターとしてテレビに出演させていただき始めた頃。ある視聴者の方から、「笑いながら事件のことを語っているあのコメンテーターは不謹慎ではないか」という私へのご意見をいただいたのです。

私自身は笑っているつもりは全くなかったので、とても驚きました。

しかし録画したものをチェックすると、確かに私はもともと口角が上がっているのか、意識せずに話していると笑みを浮かべているように見えてしまうのです。鏡で身だしなみチェックをしても、話している時の自分の表情を確認することがなかったので、ご指摘されるまで気がつきませんでした。

以来、シリアスな話題やテーマでコメンテーターとしてテレビ出演する前には、頬を手で押さえて下げ、口角が下がるくせをつけるようにしています。

言葉が与える影響が7％なのに対し、見た目やしぐさが与える影響は55％だという「メラビアンの法則」という研究結果もあります。このように、会話や言葉でのやりとりではない、外見や表情にあらわれる**「非言語コミュニケーション」**の影響は非常に大きいものです。**人と話をしている時、自分はどんな表情をしているのか、そんなつもりはないのに不機嫌な様子に見えないか、逆に不まじめな態度に見えないか、など気にかけることも大切**です。

しかし、自分では自覚しにくい部分もあります。非言語コミュニケーション力を高めるために、鏡で身だしなみや表情をチェックするのはもちろんですが、無意識の状態を知るためにおすすめなのは、動画で自分が誰かと会話したりしている素の姿を撮影をしてみること。私も時々、他人の目にどう写っているのかそうやって確認して、気をつけるようにしています。

一時の感情に流されることの虚しさ

長年、犯罪捜査をする中で、一時的な感情を吐き出して犯罪に走ってしまった人を多く見てきました。そこでいつも感じたのは、

「**怒りの感情を吐き出して行動したところで、何ら解決にはならない**」

という虚しさです。

例えば、「酒に酔ってカッとなって殴った」という人の取り調べをしたとしましょう。必ず問うのは、

「頭にきて殴ったというけど、逮捕されて取り調べを受けている今、殴ってすっきりした気持ちになれたのか？」

すると、

「殴る前よりも、もっとムシャクシャしてる」「後悔している」

多くの人はそんなふうに答えます。

コラム・捜査第一課刑事として、大事にしてきたこと②

被疑者になると手錠をかけられ、長い期間拘置されます。食べたい時に好きなラーメンを食べる、友達に話したい時に電話をする、テレビを見る、天気のよい日には散歩をする……。そんな当然と思っていたことができるのは、実はすごく幸せなんだ、と捕まって初めて気づく被疑者も多いのです。

「逮捕される前にそれに気づいていればよかったな」

と言うと、ほとんどが、

「本当にその通りですね……」

と答えます。

カッとなって、一瞬の感情に流されたばかりにいろいろなものを失ってしまう犯罪者の姿をあまりにも多く見ているので、私自身、

「一時の感情で行動して、いいことは一つもない」

と肝に銘じています。そしてまた、普通のことが普通にできる生活のありがたさも、しみじみと感じます。それは多くの犯罪者から、反面教師として教わったことなのです。

＃ 第６章

捜査で知った人が犯罪者になる理由

「母を殺した理由は始末書が書けなかった」

〜〝自慢の息子〟による母親殺し〜

今まで数多くの犯罪を捜査してきましたが、その中でも印象に残っているのは、20代の息子が母親を殺した事件です。取り調べで彼の殺害動機を知った時に、自分の中の犯罪に対する観念が一変するほどの大きな衝撃を受け、後に、刑事を辞め今の活動をしていきたいと考えるきっかけにもつながったと思っています。

その事件が起こったのは、私が捜査第一課に配属される前、まだ所轄の刑事だった時です。社会的にも注目度が高い事件で、上司からは、「自分の母親を殺すくらいだから、これは相当に深い恨みを持っているぞ。動機の面を掘り下げて、しっかり探れ」と念を押されました。

犯人の第一印象は、〝穏やかでまじめそうな青年〟。学生時代から成績優秀で、有名私立大学の法学部を出て大手警備会社に就職し、幹部候補生として将来を期待されている有望な社員でした。経歴上は、母親にとってまさに絵に描いたような自慢の子だったわけです。その息子がいったいなぜ、母親を殺したのか。取り調べの時に私は、これまで述べてきたように常に「なぜ」というところを重視して話を聞きますが、最初はその理由が想像もつきませんでした。

話を聞いていくと、母親と二人暮らしで、母親の期待はその息子に集中していたようです。進学先も就職先もすべて、母親が決めてきて、息子は子供の頃から何をするにも母親の指示で動く生活。教育熱心な母親は学校の方針にもたびたびクレームをつける、いわゆるモンスターペアレントに近い存在だったことがうかがえます。息子はトラブルが起こるたびに母親を頼って何とか処理してもらい、自分で悩んで問題を解決するという経験を全くしないまま社会人になってしまったのです

就職した彼が担当したのは、大きな商業ビルでした。ある時、テナントで事情があって、夜間立ち入り禁止になると連絡が入ったのです。彼はそれを聞いてはいたのですが、いつも巡回していたルートだったため、ついうっかり、そのテナントに足を踏み入れてしまいました。瞬間、ビル中に

「不審者が侵入した」という非常ベルが鳴り響いたのです。

上司や同僚が駆けつけ、騒然とした雰囲気になりました。現場に居合わせた彼は、上司に「不審者を見なかったか？」と聞かれましたが、彼はこれまで自分を守る行為として嘘をつくことしかしてこなかったので「何も見ていません」と、嘘で答えてしまったのです。彼にとってまず恐ろしいのは、母親に怒られるように上の立場の人に怒られることでした。そのため小さな頃から、怒られそうなことをしてしまうと嘘をついてとりつくろうのがあたりまえになっていました。

それから、上司や同僚たちがビル内をくまなく捜索しましたが、何時間探しても、不審者が見つかりません。しかし、防犯カメラに、彼がテナントに入り込んで非常ベルが鳴った様子がはっきり映し出されていることがわかったのです。当然ながら上司は激怒し「おまえが最初に嘘をつかなければ、ここにいる全員で何時間もかけて無駄に捜索しなくてよかっただろう！いったいどういうわけだ！」「明日までに、始末書を書いて持ってこい！」と言い渡します。

彼はこれまでエリートとして育てられ、〝始末書〟なんて自分が書くものではありませんでした。母親に相談すれば、いつものように会社にクレームを入れてくれて、始末書を書かなくてもすむはずだった。でも今回、母親は「それはあなたが悪い。始末書を書きなさい」と怒っている。これまで自分は母親の言う通りに生きてきたのに、今さらそんなことを言われてもできるわけない。そんなことを言う母親が許せない……そして、どうしてよいかわからず母親を殺してしまったのです。

「それだけ？」

と思わず、聞きなおしてしまいました。深い恨みもなく、こみいった事情もなく、

「始末書が書けなかったから」

というのが理由なのです。

さらに怖いと感じたのは、息子が殺害時、感情的になっていなかったとわかった時です。ささいなことが発端でも、そこから口論になり、カッとなって殺してしまった、というケースならこれまでにも見てきました。でもそうではないのです。息子は母親と普通に夕食をすませた後、いったん自分の部屋に戻り母親が寝たのを確かめてから、包丁とベルトを持って母

親の部屋に入って、迷わず冷静に、殺したのです。
「始末書を書かなくてはならない」という（彼にとっては）大問題を乗り越えようとした時、**彼にとっての選択肢は、**

1）怒られるのを我慢して受け入れ、始末書を書く

2）母親を殺す

という、2つしかなかったのでしょう。

彼と深く話をしてみて痛感したのは、あまりにも人生経験が乏しい、ということでした。私たちは普通、友達と喧嘩をしたり、試験で失敗したり、失恋したり、いろいろと痛い目にあって、それを乗り越えて成長していきます。その過程で心のどこかに、

「人間、生きていればミスもする」

「ミスも自分を育ててくれている」

「大事なのはミスをした後の自分」

と、失敗を受け入れる心の余裕が生まれます。

私が自分の記憶で振り返ると、例えば子供の頃野球をやっていて、よその家の窓ガラスを割ってしまった時のことです。

「これはまずいな……」「どんな人の家だろう」「すごく怒られるかもしれない……」と悩み、落ち込みました。親に泣きついて代わりに謝りに行ってもらうこともできたでしょうが、子供なりに必死に考えて、最もいいと思うやり方、「自分で謝りに行く」という方法をとりました。正直に話し、心から謝ったことで許してもらえましたが、そんな失敗体験を数えきれないくらい積んで生きてきました。だから、自分に非があるなら、怒られて始末書を書くなんて当然のことだという感覚を持っています。

しかし**彼は有名大学を優秀な成績で卒業していても、人生で困難に出合った時に乗り越える術を学んでこなかった**のでしょう。母親も、いい大学に行かせる教育には成功したのかもしれないけれど、大事な「心の教育」はできていなかった。自慢の息子が、怒られるのが嫌だという理由で自分を殺すようなモンスターだとは、夢にも思っていなかったでしょう。

その時、私が心から思ったのは、

「**彼に、他の選択肢もあると教えてあげたかった**」

ということでした。**もし自分が同じ状況だったら、問題を乗り越える選択肢は200個くらいはすぐに思いつきます。**始末書を書けといわれれば書くし、どんなに怒られても「そうだよな」と反省するまで。どうしても始末書を書けなかったら会社を辞めてもいいし、母親に怒られるのが嫌だったら、家に帰らずどこかに旅に出てしまってもいい。母親を殺す前に、そういう選択肢がいくらでもあることを彼に気づかせることができていたら、彼は犯罪者にはならなかったでしょう。

その後の刑事人生でも、「まさか、そんなことで」と思うささいな理由で、人を殺したり、傷つけたりしてしまった犯罪者を見てきました。共通しているのは、ほかに**いくらでも選択肢があるのにそれが見えていない、視野の狭さ**です。

刑事として出会うのは、そうした「罪を犯してしまった」後の人たちだけ。罪を犯した人を捕まえることも犯罪の抑制に必要ではあるけれど、私

は、罪を犯す前の人に、

「犯罪に走らなくても、ほかに問題を解決する選択肢はたくさんある」

ということを伝えたいと思いました。

問題に対してのアプローチは無限にあります。

□＋□＋□＝3の答えは、1＋1＋1＝3だけではなく、6＋-2＋-1＝3でもいいし、1・5＋1・5＋0＝3でもいいし、無限に考えられるではないですか。それと同じで、今、自分が抱えている問題の解決法も無限にあることを知ってほしいのです。

その思いが膨らんでいき、これまでの刑事時代に学んだ経験をフリーの立場でアウトプットしていく活動をしていこう、と決意し、刑事を辞めるきっかけにつながったのです。

絆はお金のやりとりだけ「母に捨てられたくない」悲劇
～所在不明児殺人事件～

刑事時代には、法律的には正しい裁きでも、「本当にこれでよかったのだろうか」と、割り切れない思いが残る事件もありました。

祖父母を殺害した（犯行当時）17才の少年が、強盗殺人罪で懲役15年の判決を受けた「所在不明児殺人事件」がまさにそうでした。

この事件が「所在不明児殺人事件」と呼ばれているのは、母親が住所を転々としていたために、犯人の少年が小学校にも満足に通えず、福祉行政がその居所を把握できない「所在不明児」として成長していたからです。

事件の4年前に妹が生まれていましたが、養父が不安定な仕事しかしていなかったためアパートも借りられず、野宿をしながら少年が妹の面倒を見ている状態でした。

浪費癖のある母親は、あちこちの親戚に少年を訪ねさせ借金をせがませていました。もはや貸してくれるあてもなく自分の両親からもとうに縁を切られていましたが、孫である息子にお金を借りてくるよう命じます。もちろん断られますが、母親は許しません。「殺してでも取って来い」と命じて、再度、少年を祖父母宅に送り出しました。そして少年は、借金を断った祖父母を母親の言うままに殺し、現金8万円とキャッシュカードを奪ったのです。

この事件にしても、注目すべきなのは、少年には、祖父母を殺す以外の選択肢が考えられなかったということです。もう自分で働いていたのですから、母親から離れて独りで生きていく道もあったはず。しかし、学校に満足に通えなかった少年は友人を作ることもできず、周りに相談できる大人もいませんでした。また、幼い頃から母親の無軌道な生活に振り回され「母親に捨てられるかもしれない」という強い不安を抱いて生きてきたので、お金を渡すことだけが母親との確かなつながりであり、そのつながりを失いたくなかったのでしょう。

少年も母親も逮捕され、残された4才の妹もまた、少年に寄生してきた母親と少年しか知りません。そのため、わずか4才なのに口調は母親と全く同じで、「さわんじゃねぇよ」「どこに連れていくんだよ」という口のきき方。暴力こそ受けていませんでしたが、これもまたある種の虐待だと思わずにいられませんでした。

裁判では、少年に懲役15年が言い渡されました。一方母親は、「何をやってもかまわないといったけど、殺すとは思わなかった」という主張が通り、懲役5年の刑にとどまりました。

実行犯は少年であり、法律的には正しい判断なのかもしれません。しかし、犯罪を犯す前に他の選択肢を示してあげられる人が近くにいたら……と今でも胸が痛む事件です。

仲間の〝同調圧力〟に抗えない「空気を読みすぎる」危うさ

~少年リンチ殺人事件~

少年犯罪で多く目にしたのは、仲間内の同調圧力に耐え切れず、犯罪に加担してしまうケースです。16才の少年が凄惨なリンチの末に殺害された「少年リンチ殺人事件」はまさにその例でした。

犯行に加わったのは5人で、主犯は地元の不良グループに属していた2人。残り3人は中学3年生でした。取り調べをしてみると、被害者の少年が居留守を使って、仲間の誘いを断ったという、他愛もないことがきっかけ。

その程度の理由なので、初めは殺すつもりで殴っていたのではありません。ただ、腹立ちをまぎらわすためにいたぶっていただけ。それがエスカレートして歯止めがかからなくなり、気がつくと16才の少年は息絶えてしまっていたのです。集団の中の誰か1人が「やめたほうがいい」と強く言って止めていれば、防げた犯罪でした。

取り調べを進めると、「本当はやりたくなかったけれど、先輩にやれといわれて、断り切れなかった」という少年が何人もいました。

「先輩は地元でも有名なワルで、そこが格好いいと思って、憧れていました。でも捕まってみたら、先輩のことは何も尊敬していないってわかった。ただ怖いから従っただけだったんです」と、泣きながら明かす少年もいました。周りの雰囲気に流され、断れなかった、と……。

こういう犯罪を多く見るにつけ、**「空気を読みすぎる」最近の子供の危うさを強く感じずにはいられません。**仲間を大事にするのはいいことですが、周りと違う意見でも引きずられずに正しく判断して、

「自分にこれはできない」

とはっきり伝えられる、そしてそれを受け入れ合うのが、真の「仲間」だ、ということを学びながら育ってほしいのです。

また、**親にとって育てやすい「いい子」は、周囲の要望を汲み取り、それに合わせる能力が高い子といえます。しかし実はそういう子ほど、同調圧力に弱く、本人にそんなつもりは全くないのに、気がつくと犯罪に手を染めてしまっていたというケースもある**のです。

子供でも大人でも、周りの空気を読んで話を合わせたり、圧倒的な権力の下に庇護されたりしていれば安心、と思ってしまうことがあります。でも、そうした本来の自分の意思に反したつきあい方がエスカレートしていくと、息苦しさやストレスを感じ、時にはかえって人間関係のトラブルに巻き込まれてしまうことも……。

自分自身をしっかり持ち、「同調圧力」に屈しない勇気を持つことが、今の時代を生き抜くためには不可欠だと思っています。

【あとがき】

自分が「意味がある」と判断したら意味があるものに変わります

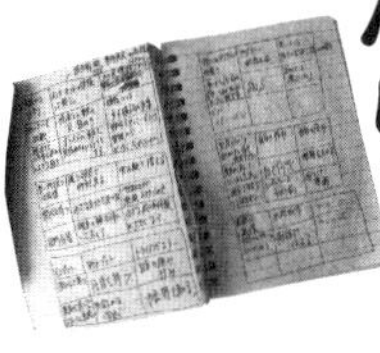

最後まで読んでくださり、ありがとうございました。この本から、皆様のヒントになることを読みとっていただけましたら、幸いです。

人対人のコミュニケーションにおいて、正解は一つではありません。相手や自分のキャラクター、タイミングや状況などによって、臨機応変な対応が求められます。私自身、試行錯誤しながら、そのスキルをアップデートしてきました。

刑事時代に気づき、以来、胸に刻んでいることがあります。

「実際には意味があることを、自分が『意味がない』と判断してしまったら、自分にとって意味がないものに変わってしまう。逆に、意味がなさそうなことを、『意味がある』と判断したら、それは自分にとって意味のあることに変わる」

【あとがき】

意味がなさそうな空振りと思った捜査も、実は後から大きな意味があるものに変わってくることが本当に多くて、この思いはずっと持ち続けています。

日常生活に転じても同じように言えます。私はよく「お酒が強そうですね」と言われますが、実はほとんどお酒がのめません。社会人ともなると、会食や職場の人との飲み会といった機会も多くありますが、正直、若い頃は、お酒をのめない私がそういった会に参加しても意味がないと思っていました。お酒が好きな方でも、上司につきあわなければならない飲み会は気が進まないと思う人も多いでしょう。しかし「つきあい」ですから、断るわけにもいかない……。そこで私はある時から、

「どうせ行くなら、自分にプラスになるようにしよう」

と考えを切り替えました。

「飲み会なんて意味がない」と思えば、その瞬間からその人にとって飲み会は全く意味がなくなります。一方、「飲み会にも意味があるかもしれない」「その意味を見つけてみよう」と思って参加すれば、何かしらの意味が見つかるものです。

私の場合もそのように気持ちをスイッチして出席した飲み会の席で、ちょっと苦手に感じていた上司の別の面を見ることができました。それ以来、その上司の言動を見ても「オンとオフで接し方を変えているんだな」と気づき、以前のよう

18才で埼玉県警察学校に入校した日。

な苦手意識を持たなくなりました。

そんなことがあってから、私は飲み会に誘われたら、何か新しいことを知れるはず、そこからつながる何かがあるかも、という意識を持って、楽しみに出席するようになったのです。

「現場百回」は刑事ドラマの中だけの言葉ではない

今の若い世代には、「ネット上に友人がいるから、実際に会って飲み会とかしなくてもいい」と考えている人も多いようです。でも私はそうは思いません。

警察の捜査上で「現場百回」という言葉があります。どんなに現場写真を眺めても、それだけではつかめない、現場に足を運んで初めて見えること、わかることは数えきれないほどあるから、百回でも現場に行ってみろ、という意味です。刑事をしていると本当に実感することで、〝空気感〟というか、その場に行かなければ感じ取れない何かというのは、間違いなくあるのです。

同じように、日常のコミュニケーションでも、これだけ情報伝達の方法が増え便利になったものの、少々面倒でも顔を合わせ、対面して話をしなければ伝わらないこと、つかめないことがあります。「足を運ぶ」というのは決して、捜査においてだけでも、過去の時代の話でもないのです。

結局、「刑事力《デカリョク》」というのは「アナログな判断力」ではないかと思います。デジタル捜査班の班長であった私が、デジタルの便利さ、時代性を知ったうえで、改めてアナログでのコミュニケーションの力を実感しているのです。

私は刑事を辞める前に、今後フリーで活動するようになったら叶えたい夢として、ノートにこんなメモをしていました。

・小中高生が犯罪に巻き込

（右）所轄の刑事時代、チームで実践五種競技優勝。
（中、左）埼玉県警優秀職員に38才の最年少で選ばれた時。

まれないための力を身につけられるよう、講演活動をする。
・多くの人に話を聞いていただける自分であるために、自分を知っていただく。そのために、テレビのコメンテーターなどメディアに出演する。
・情報番組を見ない方にも知っていただけるよう、刑事ドラマの監修をする。
・自分の考えをより広く伝えるために、著書を出版する。

メモした時はまだ何の伝手《つて》もなく、夢物語のようなものでした。それでも、警察を辞めて3年経った今、これら4つの夢はすべて叶えることができました。この本も、飲み会でのリアルな出会いがきっかけで、テレビ局のプロデューサーさんから出版社へとつながり、実現し

警察を退職した現在も、警察から講師として招いていただけることがありがたく、
たいへんやりがいを感じます。

たのです。その夢を叶えてくれたのは、「刑事力コミュニケーション」だったのでは、と思っています。

私の進む道を後押ししてくれたこのコミュニケーション術が、少しでも皆様のお役に立つことができれば、こんなにうれしいことはありません。

佐々木成三

『「刑事力《デカリョク》」コミュニケーション 優位に立てる20の術』

2020年4月6日　初版第1刷発行

著者　佐々木成三

発行人　鈴木崇司
発行所　株式会社　小学館
〒101-8001　東京都千代田区一ツ橋2-3-1
電話：編集　03-3230-5800　　販売　03-5281-3555

印刷　萩原印刷株式会社
製本　株式会社 若林製本工場

撮影（プロフィール写真、帯）　荒木勇人
イラスト（表紙、カバー、帯）　小野裕人
スタイリング　小松嘉章（nomadica）
ヘアメイク　鈴木麻衣子
タレントマネージメント　ブルーミングエージェンシー
構成　桑原恵美子

販売　中山智子
宣伝　井本一郎
制作　宮川紀穂
資材　星一枝
編集　矢島礼子

ISBN-978-4-09-388756-4